열정으로 가득한 초심자의 마음가짐으로,
독자님과 함께 커가는 지식의 나무가 되겠습니다.

열정 100% 씨앤톡

이것만 **알**면 **통**한다

여행
일본어

이것만 **알면 통**한다
여행**일본어**

초판 발행	2009년 04월 25일
초판 33쇄	2025년 08월 10일

발행인	이재현
발행처	리틀씨앤톡

등록일자	2022년 9월 23일
등록번호	제 2022-000106호

ISBN	978-89-6098-076-1 (13730)

주소	경기도 파주시 문발로 405 제2출판단지 활자마을
홈페이지	www.seentalk.co.kr
전화	02-338-0092
팩스	02-338-0097

ⓒ2009, 리틀씨앤톡

본 책은 저작권법에 의해 보호를 받는 저작물이므로 무단 전재와 복제를 금합니다.

머리말

들뜬

마음으로 결심한 일본 여행. 출국 전 여권이며, 각종 서류와 비상약, 세면도구 등 모든 준비를 완벽하게 갖추었다고 자신하지만 여행회화책을 비워둔다면 그 여행은 절반만 즐기는 것이나 다름없습니다. 비록 많은 말을 하지는 않겠지만 간단한 몇 마디가 여행을 힘들게도 하고 쉽게도 만들어주기 때문입니다. 그런 측면에서 이 책은 일본어를 잘하기 위한 책이 아니라 여행을 편하게 할 수 있는 도구라고 할 수 있습니다.

이 책은

여행 전 체크사항에서부터 여행을 마치고 귀국길에 오르는 순간까지 일본 여행에서 마주치게 되는 다양한 상황을 예상하여 적재적소에서 필요한 말들을 할 수 있도록 구성하였습니다. 또한 말 이외에도 일본이나 각 상황에서 사소하지만 필요한 현지 정보를 생생한 화보와 함께 제공하고 있습니다.

해외

여행은 단순히 보고 오는 것이 아니라 그 나라를 느끼는 것입니다. 아무쪼록 이 자그마한 한 권의 책이 일본 여행의 든든한 동반자가 되기를 바랍니다.

– 편집부 –

이 책의 구성과 활용 방법

🪶 필수 표현

공항에서부터 귀국까지 여행을 하면서 겪게 되는 상황에서 사용할 수 있는 대표적인 표현을 알려드립니다. 삽화를 함께 실어두었기 때문에 그림만 보여주어도 원하는 것을 얻을 수 있습니다.

🪶 알고 갑시다

각 상황에서 알아야 할 사전 정보나 유용한 여행 팁을 정리하였습니다. 또한 일본 현지의 생생한 장면을 사진에 담고 있어 여행 전 미리 읽어 보시면 적지 않은 도움이 될 것입니다.

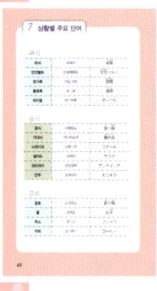

🪶 상황별 주요 단어

각 상황에서 사용할 수 있는 어휘들을 정리하였습니다. 표현이 생각나지 않거나 없는 경우에 이 단어들을 활용하시면 도움이 됩니다.

🍃 유용한 표현

여행을 하면서 자주 말하게 되는 숫자와 시간 표현, 그리고 그 외에 사람이나 물건을 헤아리는 숫자 표현, 날짜와 색깔 표현 등을 실어놓았습니다.

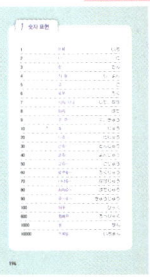

🍃 찾아보기

여행을 하면서 하고 싶은 말을 쉽게 찾을 수 있도록 단어들을 가나다순으로 정리하였습니다.

🍃 메모

놓칠 수 없는 관광 정보가 있다면 메모하는 것이 필수입니다. 여행 도중 만나는 친구들의 연락처를 기록하는 공간으로 활용할 수도 있습니다.

일본어의 문자

행＼단	あ단	い단	う단	え단	お단
あ행	あ a	い i	う u	え e	お o
か행	か ka	き ki	く ku	け ke	こ ko
さ행	さ sa	し shi	す su	せ se	そ so
た행	た ta	ち chi	つ tsu	て te	と to
な행	な na	に ni	ぬ nu	ね ne	の no
は행	は ha	ひ hi	ふ fu	へ he	ほ ho
ま행	ま ma	み mi	む mu	め me	も mo
や행	や ya		ゆ yu		よ yo
ら행	ら ra	り ri	る ru	れ re	ろ ro
わ행	わ wa				を o
					ん n

히라가나

단 행	ア단	イ단	ウ단	エ단	オ단
ア행	ア a	イ i	ウ u	エ e	オ o
カ행	カ ka	キ ki	ク ku	ケ ke	コ ko
サ행	サ sa	シ shi	ス su	セ se	ソ so
タ행	タ ta	チ chi	ツ tsu	テ te	ト to
ナ행	ナ na	ニ ni	ヌ nu	ネ ne	ノ no
ハ행	ハ ha	ヒ hi	フ fu	ヘ he	ホ ho
マ행	マ ma	ミ mi	ム mu	メ me	モ mo
ヤ행	ヤ ya		ユ yu		ヨ yo
ラ행	ラ ra	リ ri	ル ru	レ re	ロ ro
ワ행	ワ wa				ヲ o
					ン n

목차

머리말 3
이책의 구성과 활용방법 4
일본어의 문자 6
목차 8

1 여행 필수 표현　　　　　12

인사표현 14
자기소개 16
대답 17
입국 목적 18
길묻기 19
식당 20
메뉴 21
쇼핑 22
신체 24
증상 25

2 기내에서　　　　　28

기내 필수 표현 30
좌석 31
음식 서비스 32
신체 이상 34
입국 신고서 35
기타 서비스 38
상황별 주요 단어 40

3 공항에서　　　　　44

공항 필수 표현 46
입국 심사 47
짐 찾기 49
세관 검사 50
환전 51
도심 이동 52

기타 시설 이용 ········· 53
상황별 주요 단어 ········· 54

4 교통 이용 58
교통 필수 표현 ········· 60
버스 ········· 61
지하철·전철 ········· 64
택시 ········· 67
렌터카 ········· 69
신칸센 ········· 70
상황별 주요 단어 ········· 72

5 음식 즐기기 76
식당 필수 표현 ········· 78
고급 일식집 ········· 80
레스토랑 ········· 81
간단히 식사할 때 ········· 82
패스트푸드점 ········· 84
카페 ········· 85
주점 ········· 88
예약 ········· 89
계산 ········· 90
기타 표현 ········· 91
상황별 주요 단어 ········· 94

6 숙박 이용 98
숙박 필수 표현 ········· 100
예약 ········· 101
체크인(예약) ········· 103
체크인(미예약) ········· 104
체크인(유스호스텔) ········· 105
룸서비스 ········· 106
세탁서비스 ········· 107

조식 ································ 108
트러블 ······························ 109
체크아웃 ··························· 110
기타 표현 ·························· 112
상황별 주요 단어 ··············· 114

7 현지 관광 116
관광 필수 표현 ·················· 118
길 묻기 ····························· 119
길을 잃었을 때 ··················· 120
단체 관광을 하고 싶을 때 ····· 122
관광지에서 ························ 124
가부키 관람 ······················· 125
사진 찍기 ·························· 126
기타 표현 ·························· 130
상황별 주요 단어 ··············· 132

8 쇼핑 즐기기 136
쇼핑 필수 표현 ·················· 138
상점 찾기 ·························· 140
백화점 ······························ 142
의류 매장 ·························· 144
전자상가 ··························· 146
가격 흥정 ·························· 149
교환·반품 ························ 150
기타 표현 ·························· 151
상황별 주요 단어 ··············· 152

9 공공시설 이용 154
공공시설 필수 표현 ············ 156
전화 ································· 158
수신자부담 전화 ················ 160
우체국 ······························ 161

은행 ········· 162
병원·약국 ········· 163
인터넷 ········· 165
상황별 주요 단어 ········· 167

10 트러블 대처 172

트러블 대처 필수 표현 ········· 174
여권 분실 ········· 175
지갑 분실 ········· 176
교통사고 ········· 177
신체 이상 ········· 178
상황별 주요 단어 ········· 180

11 귀국하기 182

귀국시 필수 표현 ········· 184
항공기 예약 확인 ········· 185
출국 수속 ········· 186
작별 인사 ········· 187
공항 면세점 ········· 188
상황별 주요 단어 ········· 190

12 유용한 표현 192

숫자 표현 ········· 194
개수 표현 ········· 195
인원 수 ········· 196
시간 표현 ········· 197
날짜 표현 ········· 198
연도·요일 ········· 199
수사 표현 ········· 200
색깔 표현 ········· 201

13 찾아보기 202

1

인사 표현
자기소개
대답
입국 목적
길 묻기
식당
메뉴
쇼핑
신체
증상

여행 필수 표현

※ 여행을 하면서 자신을 소개하거나 주문을 하거나 길을 묻는 등 반드시 알아야 할 표현들을 모았습니다. 중요한 표현들이니 여행 전에 미리 알아두세요.

1 인사 표현

■ 안녕하세요. (아침 인사)
  오하요~고자이마스.
  おはようございます。

■ 안녕. (아침 인사-반말체)
  오하요~.
  おはよう。

■ 안녕하세요. (점심 인사)
  곤니찌와.
  こんにちは。

■ 안녕하세요. (저녁 인사)
  곰방와.
  こんばんは。

■ 안녕히 주무세요.
  오야스미나사이.
  おやすみなさい。

■ 잘 자거라. (반말체)
  오야스미.
  おやすみ。

안녕하십니까? (안부를 물을 때)
오겡끼데스까?
お元気ですか。

덕분에 안녕합니다.
오까게사마데 겡끼데스.
おかげさまで、元気です。

잘 먹겠습니다.
이따다끼마스.
いただきます。

잘 먹었습니다.
고찌소~ 사마데시따.
ごちそうさまでした。

또 만납시다.
마따, 오아이시마쇼~.
また、お会いしましょう。

또 뵙겠습니다.
마따 오메니가까리마스.
また お目にかかります。

15

2 자기소개

■ 처음 뵙겠습니다.
   하지메마시떼.
   はじめまして。

■ 저는 이(진수)라고 합니다.
   와따시와 이또 모~시마스.
   私は 李と 申します。

■ 회사원입니다.
   가이샤인데스.
   会社員です。

■ 뵙게 되어 기쁩니다.
   오아이데끼떼 우레시이데스.
   お会いできて うれしいです。

■ 아무쪼록 잘 부탁드립니다.
   도~조 요로시꾸 오네가이시마스.
   どうぞ よろしく お願いします。

■ 저야말로 잘 부탁드립니다.
   고찌라꼬소 도~조 요로시꾸.
   こちらこそ、どうぞ よろしく。

3 대답

■ 예. / 아니오.
   하이.(에~.) / 이이에.
   はい。(ええ。) / いいえ。

■ 그렇습니다. / 그렇지 않습니다.
   소~데스. / 소~쟈 아리마셍.
   そうです。 / そうじゃ ありません。

■ 아니오, 그렇지 않습니다.
   이이에. 치가이마스.
   いいえ、ちがいます。

■ 알겠습니다. / 잘 모르겠습니다.
   와까리마시따. / 요구 와까리마셍.
   わかりました。 / よく わかりません。

■ 괜찮습니다. / 안 됩니다.
   겍코~데스. / 다메데스.
   けっこうです。 / だめです。

■ 그렇군요.(맞장구 치는 표현)
   소~데스네.
   そうですね。

4 입국 목적

입국 목적은 _____ 입니다.

뉴~꼬꾸 모꾸떼끼와 _____ 데스.
入国目的は _____ です。

□ 관광 강꼬~ 観光	□ 여행 료꼬~ 旅行	□ 지인 방문 시리아이노 호~몽 知り合いの訪問
□ 유학 류~가꾸 留学	□ 연수 겐슈~ 研修	□ 비즈니스 비지네스 ビジネス

5 길 묻기

_____ 은 어디에 있나요?

_____ 와 도꼬데스까?
_____ 와 도꼬데스까。
_____ 와 도꼬니 아리마스까。
_____ 와 도꼬니 아리마스까。

□ 은행
깅꼬~
銀行

□ 우체국
유~빙꾜꾸
郵便局

□ 파출소
고~방
交番

□ 역
에끼
駅

□ 약국
구스리야
薬屋

□ 편의점
콤비니
コンビニ

□ 백화점
데빠~또
デパート

□ 버스정류장
바스떼~
バス停

□ 서점
홍야
本屋

6 식당

_____ 을 주세요.

_____ 오 구다사이.

_____ をください。

□ 물 미즈 水	□ 젓가락 하시 箸	□ 숟가락 스뿌~ㅇ スプーン
□ 컵 콥뿌 コップ	□ 냅킨 나뿌낑 ナプキン	□ 설탕 사또~ 砂糖
□ 식초 스 酢	□ 간장 쇼~유 醤油	□ 소금 시오 塩

7 메뉴

_____ 을 주세요.

_____ 오 구다사이.

_____ を ください。

라면 **라~멘**	생선초밥 **스시**	생선회 **사시미**
ラーメン	すし	刺身
튀김 **뎀뿌라**	다코야키 **다꼬야끼**	덮밥 **돔부리**
てんぷら	たこ焼き	どんぶり
우동 **우동**	메밀국수 **소바**	오코노미야키 **오꼬노미야끼**
うどん	そば	お好み焼き

8 쇼핑

_____ 을 보여 주세요.

_____ 오 미세떼 구다사이.
_____ を 見せて ください。

□ 디지털 카메라
데지따루 카메라
デジタルカメラ

□ 노트북
노~또 파소꽁
ノートパソコン

□ DVD
디~브이디~
ディーブイディー

□ 시계
도께이
時計

□ 선글라스
산그라스
サングラス

□ 휴대전화줄
스또랍뿌
ストラップ

□ 지갑
사이후
財布

□ 가방
가방
鞄

□ 화장품
게쇼~힝
化粧品

_____ 을 보여 주세요.

_____ 오 미세떼 구다사이.
_____ を 見せて ください。

□ 셔츠 샤쯔 シャツ	□ 점퍼 쟘바~ ジャンバー	□ 청바지 지~ㄴ즈 ジーンズ
□ 스니커즈 스니~까~ スニーカー	□ 스커트 스까~또 スカート	□ 바지 즈봉 ズボン
□ 스타킹 스똑킹구 ストッキング	□ 반바지 한즈봉 半ズボン	□ 모자 보~시 帽子

9 신체

_____ 이(가) 아픕니다.

_____ が 이따이데스.

_____ が 痛いです。

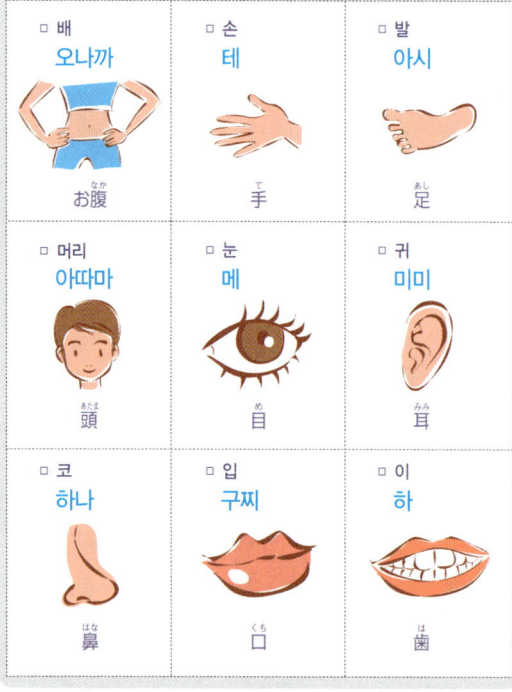

□ 배 오나까 お腹	□ 손 테 手	□ 발 아시 足
□ 머리 아따마 頭	□ 눈 메 目	□ 귀 미미 耳
□ 코 하나 鼻	□ 입 구찌 口	□ 이 하 歯

10 증상

_____ 입니다.

_____ 데스.
_____ です。

두통	복통	치통
즈쯔~	후꾸쯔~	하이따
頭痛 (ずつう)	腹痛 (ふくつう)	歯痛 (はいた)

감기	변비	생리통
가제	벰삐	세~리쯔~
風邪 (かぜ)	便秘 (べんぴ)	生理痛 (せいりつう)

차멀미	배멀미	천식
구루마요이	후나요이	젠소꾸
車酔い (くるまよい)	船酔い (ふなよい)	喘息 (ぜんそく)

필수표현 / 기내 / 공항 / 교통 / 식당 / 숙박 / 관광 / 쇼핑 / 공공시설 / 트러블 / 귀국 / 유용한 표현

25

일본 개요

일본은 홋카이도北海道, 혼슈本州, 시코쿠四国, 규슈九州의 큰 섬으로 이루어진 섬나라입니다. 이 네 개의 섬은 남북으로 길게 이어져 있으며, 섬나라이지만 지형적으로 지진과 화산지대이기 때문에 특히 지진이 잦은 편이며, 협곡과 산지가 많은 특징이 있습니다.

❶ 통화   일본의 통화는 엔화円貨. 1000, 2000, 5000, 10,000엔의 4가지 지폐와 1, 5, 10, 50, 100, 500엔의 6가지 동전이 있습니다.

❷ 전압   일본의 전압은 100V이니 우리나라 전자제품을 일본에서 써야 할 때는 잘 확인을 해야 합니다. 물론 일본의 전자제품을 구입할 때에도 사용 전압 확인은 필수입니다.

❸ 기후   기후는 대체로 온난한 편이지만 우리나라 사람이 느끼기에 고온다습합니다. 남북으로 길게 뻗어 있는 지형의 특성상 최남단의 오키나와는 아열대기후이며, 최북단의 홋카이도는 아한대기후를 나타냅니다.

도도부현

일본은 1도都, 1도道, 2부府, 43현県의 47개 행정구역을 가지고 있으며, 일반적으로 도도부현都道府県이라고 부릅니다.

① 도都   도쿄東京都
② 도道   홋카이도北海道
         일반적으로 다른 행정구역들은 구역명인 도都, 부府, 현県을 빼고 부르지만 홋카이도는 모두 포함하여 부릅니다.
③ 부府   교토京都府, 오사카大阪府
④ 현県   가가와香川, 가고시마鹿児島, 가나가와神奈川, 고치高知, 구마모토熊本, 군마群馬, 기후岐阜, 나가노長野, 나가사키長崎, 나라奈良, 니가타新潟, 도야마富山, 도치기栃木, 도쿠시마徳島, 돗토리鳥取, 미야기宮城, 미야자키宮崎, 미에三重, 사가佐賀, 사이타마埼玉, 시가滋賀, 시마네島根, 시즈오카静岡, 아오모리青森, 아이치愛知, 아키타秋田, 야마가타山形, 야마구치山口, 야마나시山梨, 에히메愛媛, 오이타大分, 오카야마岡山, 오키나와沖縄, 와카야마和歌山, 이바라키茨城, 이시카와石川, 이와테岩手, 지바현千葉, 효고兵庫, 후쿠시마福島, 후쿠오카福岡, 후쿠이福井, 히로시마広島

2

기내 필수 표현

좌석

음식 서비스

신체 이상

입국 신고서

기타 서비스

상황별 주요 단어

기내에서

※ 드디어 일본으로 출발합니다. 두근거리는 마음과 약간의 긴장이 일본여행을 더욱 설레게 하는데요. 여기서는 일본어를 제일 먼저 써먹을 수 있는 기내 표현을 알려드립니다.

1 기내 필수 표현

_____ 을 부탁해요.

_____ 오 오네가이시마스.
_____ を お願_{ねが}いします。

물 미즈 水_{みず}	주스 쥬~스 ジュース	커피 코~히~ コーヒー
설탕 사또~ 砂糖_{さとう}	크림 쿠리~무 クリーム	맥주 비~루 ビール
물수건 오시보리 おしぼり	냅킨 나뿌낑 ナプキン	신문 심붕 新聞_{しんぶん}

2 좌석

■ **좌석으로 안내해 드릴까요?**
오자세끼니 고안나이시마쇼~까?
お座席に ご案内しましょうか。

■ **예, 부탁드리겠습니다.**
하이, 오네가이시마스.
はい、お願いします。

■ **제 자리는 어디입니까?**
와따시노 세끼와 도꼬데스까?
私の 席は どこですか。

■ **탑승권을 보여 주십시오.**
도~죠~껭오 미세떼구다사이.
搭乗券を 見せてください。

■ **예, 여기 있습니다.**
하이, 고레데스.
はい、これです。

■ **좌석번호는 C-45네요.**
자세끼방고~와 씨~노 용고데스네.
座席番号は C-45ですね。

3 음식 서비스

■ 식사는 뭘로 하시겠습니까?

쇼꾸지와 나니니 나사이마스까?

食事は 何に なさいますか。

■ 뭐가 있나요?

나니가 아리마스까?

何が ありますか。

■ 스테이크로 하겠습니다.

스떼~끼니 시마스.

ステーキに します。

■ 식사는 필요 없습니다.

쇼꾸지와 이리마셍.

食事は いりません。

■ 음료는 뭘로 하시겠습니까?

노미모노와 나니니 나사이마스까?

飲み物は 何に なさいますか。

■ 주스와 커피가 있습니다만.

쥬~스또 코~히~가 고자이마스가.

ジュースと コーヒーが ございますが。

■ 커피 부탁합니다.
　　코~히~오 오네가이시마스.
　　コーヒーを お願いします。

■ 설탕과 크림도 부탁합니다.
　　사또~또 쿠리~무모 오네가이시마스.
　　砂糖と クリームも お願いします。

■ 물 한 잔 주세요.
　　오미즈오 입빠이 구다사이.
　　お水を 一杯 ください。

■ 맥주 주세요.
　　비~루오 구다사이.
　　ビールを ください。

■ 이거 치워 주세요.
　　고레오 사게떼 구다사이.
　　これを さげて ください。

■ 네, 알겠습니다. (승무원이 승객에게)
　　하이, 가시꼬마리마시따.
　　はい、かしこまりました。

4 신체 이상

■ 머리가 아픈데, 약 있습니까?

아따마가 이따인데스가, 구스리 아리마스까?

頭が 痛いんですが、薬 ありますか。

■ 두통이군요. 곧 가져다 드리겠습니다.

즈쯔~데스네. 스구 오모찌시마스.

頭痛ですね。すぐ お持ちします。

■ 몸이라도 불편하십니까?

가라다노 구아이데모 와루이노데스까?

体の 具合でも 悪いのですか。

■ 멀미약을 부탁합니다.

요이도메구스리오 오네가이시마스.

よい止め薬を お願いします。

■ 열이 있습니다.

네쯔가 아리마스.

熱が あります。

■ 속이 안좋습니다.

기붕가 와루이데스.

気分が 悪いです。

5 입국신고서

■ 입국신고서는 작성하셨습니까?
  뉴~꼬꾸카~도와 오까끼니 나리마시따까?
  入国カードは お書きに なりましたか。

■ 쓰는 법을 가르쳐 주시겠습니까?
  가끼까따오 오시에떼 구레마셍까?
  書き方を 教えて くれませんか。

■ 여기에 연락처와
  고찌라니 렌라꾸사끼또
  こちらに 連絡先と

■ 여권번호를 쓰세요.
  료껜방고~오 오까끼구다사이.
  旅券番号を お書きください。

■ 펜을 빌려주시겠습니까?
  펭오 가시떼 모라에마스까?
  ペンを 貸して もらえますか。

■ 이렇게 쓰면 됩니까?
  고노요~니 가께바 이이데스까?
  このように 書けば いいですか。

알고 갑시다

일본으로 입국하기 위한 순서

1 비자와 여권

2006년 3월 1일부터 우리나라 사람이 90일 이내의 단기체류를 목적으로 일본을 방문할 경우에는 비자를 면제하고 있습니다. 다만, 취업이나 학업을 목적으로 할 때는 별도의 비자를 취득해야 입국할 수 있습니다. 여권은 기본적으로 만료 기간이 6개월 이상이 남아 있어야 유효하며, 만약 6개월 미만이 남았을 때에는 한국에서 출국이 안 되는 경우도 있으니 주의하세요.

2 출입국 신고서

공항 데스크와 항공기 내 또는 일본 공항에서 받을 수 있습니다. 쓰는 항목이 적지 않으니 미리 작성해 두면 입국 시 시간을 아낄 수 있습니다. 작성 시에는 가급적 기입란을 모두 채우는 것이 좋습니다.

3 입국 심사 절차

입국 신청시에 지문 및 얼굴사진을 제공한 다음 입국심사관에게 심사를 받아야 합니다. 만약 이를 거부하면 일본 입국이 허가되지 않으며 출국 명령을 받게 됩니다.

4 세관 검사

신고할 물건이 있다면 세관신고서를 작성하고 빨간색 검사대로 들어가야 하며, 그렇지 않다면 녹색 검사대를 그냥 통과하면 됩니다. 면세 한도는 20만 엔입니다.

출입국 카드 앞면

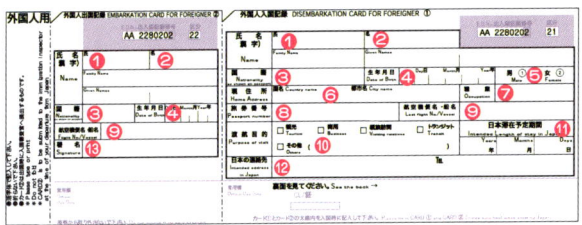

❶ 성 ❷ 이름 ❸ 국적 ❹ 생년월일
❺ 성별 ❻ 현주소 ❼ 직업 ❽ 여권번호
❾ 항공기편명 ❿ 방문 목적 ⓫ 일본 체재 예정 기간
⓬ 일본 연락처 ⓭ 서명

출입국 카드 뒷면

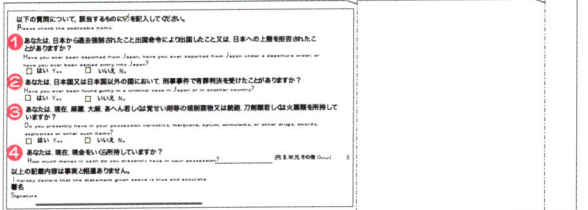

❶ 당신은 일본에서 강제 퇴거당한 일, 출국명령에 의해 출국 또는 일본으로의 상륙을 거부당한 일이 있습니까?
❷ 당신은 일본 또는 일본 이외의 나라에서 형사사건으로 유죄판결을 받은 적이 있습니까?
❸ 당신은 현재 마약, 대마, 아편 또는 각성제 등의 규제약품 또는 총포, 도검류 또는 화약류를 소지하고 있습니까?
❹ 당신은 현재 현금을 얼마나 소지하고 있습니까?

6 기타 서비스

■ 저어, 여기요.(서비스 요원을 부를 때)
아노~, 스미마셍.
あのう、すみません。

■ 한국 신문 한 부 주세요.
강꼬꾸노 심붕 이찌부 구다사이.
韓国の 新聞 一部 ください。

■ 그 밖에 필요하신 것은 없습니까?
소노호까니 히쯔요~나 모노와 아리마셍까?
そのほかに 必要な 物は ありませんか。

■ 면세품으로 향수를 사고 싶어요.
멘제~힌데 고~스이오 가이따인데스.
免税品で 香水を 買いたいんです。

■ 몇 개까지 구입할 수 있나요?
난봄마데 고~뉴~데끼마스까?
何本まで 購入できますか。

■ 카드는 쓸 수 있나요?
카~도와 쯔까에마스까?
カードは 使えますか。

■ 계산은 엔으로 하겠습니다.

게~상와 엔데 시마스.

計算は、円で します。

■ 화장실은 어디입니까?

토이레와 도꼬데스까?

トイレは どこですか。

■ 이거 고장인 거 같은데요.

고레, 고쇼~노요~데스께도.

これ、故障のようですけど。

■ 안전벨트를 착용해 주십시오.

안젠베루또오 차꾸요~시떼 구다사이.

安全ベルトを 着用して ください。

7 상황별 주요 단어

좌석

좌석	자세끼	座席
안전벨트	안젠베루또	安全ベルト
창가쪽	마도기와	窓際
통로쪽	쯔~로	通路
테이블	테~부루	テーブル

음식

음식	다베모노	食べ物
기내식	기나이쇼꾸	機内食
스테이크	스떼~끼	ステーキ
샐러드	사라다	サラダ
샌드위치	산도잇찌	サンドイッチ
안주	오쯔마미	おつまみ

음료

음료	노미모노	飲み物
물	오미즈	お水
주스	쥬~스	ジュース
커피	코~히~	コーヒー

녹차	료꾸차	緑茶
홍차	고~차	紅茶
콜라	코~라	コーラ
맥주	비~루	ビール

편의시설

전화기	뎅와끼	電話機
화장실	토이레	トイレ
이어폰	이야홍	イヤホン

입국신고서

입국카드	뉴~꼬꾸카~도	入国カード
펜	뻥	ペン
이름	메이	名
성	시	氏
국적	곡세끼	国籍
여권번호	료껨방고~	旅券番号
출발지	죠~끼찌	乗機地
방문목적	도꼬~모꾸떼끼	渡航目的

공항 필수 표현
입국 심사
짐 찾기
세관 검사
환전
도심 이동
기타 시설 이용
상황별 주요 단어

공항에서

드디어 일본 땅을 밟았습니다. 하지만 입국심사와 세관검사 등 몇 가지 심사를 통과해야 하는데요. 이 때 어떤 말을 써야 하는지 확인하세요.

알고 갑시다

공항에서 도심 이동하기

1 나리타 成田 공항에서 도심 이동하기

나리타공항은 도쿄와 인접한 치바현千葉県에 위치해 있기 때문에 도심까지 꽤 많은 시간이 걸립니다. 도심으로 이동하기 위한 방법은 크게 4가지 정도가 있습니다.

❶ 스카이라이너 スカイライナー

우에노上野역까지 1시간가량 소요되며, 요금은 1920엔입니다. 지정석이기 때문에 비교적 편안하게 이용할 수 있으며, 흡연석 차량이 있어 구매 시 흡연 유무를 묻는 경우도 있습니다.

❷ 나리타 익스프레스 成田エクスプレス

도쿄역까지 1시간, 신주쿠역까지 1시간 20분 정도가 소요되며, 요금이 3,000엔 안팎으로 비쌉니다. 다만, 외국인 전용 상품인 suika&N'EX를 구입하면 나리타 익스프레스와 JR을 함께 이용할 수 있기 때문에 도심까지 1,500엔의 요금만 지불하면 되어 경제적입니다.

❸ 게이세이 京成 **전철**

요금이 1,000엔으로 가장 저렴합니다. 보통열차와 급행열차의 요금이 같기 때문에 가급적 급행을 타는 것이 유리합니다.

❹ 리무진버스 リムジンバス

요금은 3,000엔이지만 짐이 많을 경우에는 리무진버스를 이용하는 것이 편리합니다. 도쿄의 주요 도심까지의 소요시간은 약 1시간 30분 정도입니다.

2 하네다 羽田 공항에서 도심 이동하기

하네다공항은 도심과 가까우며 요금도 저렴하지만, 국제선 터미널과 바로 연결된 노선이 없기 때문에 공항의 무료 셔틀버스를 이용하여 국내선 터미널로 이동해야 하는 번거로움이 있습니다.

©Japan Convention Service, inc/JNTO

❶ 전철

도쿄의 주요 도심까지 30분(도쿄역)~1시간(이케부쿠로역) 정도 걸리며, 요금은 역에 따라 700엔 안팎입니다.

❷ 게이큐 京急 급행, 도쿄모노레일

국내선 터미널에서 탑승하며 각각 시나가와역과 하마마츠초에서 JR로 환승하여 도심으로 이동합니다. 요금은 역에 따라 다르지만 신주쿠역까지 700엔 정도이며, 시간은 약 45~55분 정도 소요됩니다.

❸ 리무진버스

나리타공항에 비해 리무진버스를 이용하기에 비용적인 부담이 덜합니다. 운행 회사는 두 군데이며, 각각 노선이 다르기 때문에 주의하셔야 합니다. 요금은 목적지에 따라 800엔~1,200엔 정도이며 아키하바라역까지 30분, 신주쿠역까지 1시간 내외가 소요됩니다.

1 공항 필수 표현

입국 목적은 _____ 입니다.

뉴~꼬꾸 모꾸떼끼와 _____ 데스.
入国目的は _____ です。

- 관광
강꼬~
観光

- 여행
료꼬~
旅行

- 지인 방문
시리아이노 호~몽
知り合いの訪問

- 유학
류~가꾸
留学

- 연수
겐슈~
研修

- 비즈니스
비지네스
ビジネス

2 입국 심사(1)

■ 입국카드와 여권을 보여주십시오.

뉴~꼬꾸카~도또 파스뽀~또오 미세떼 구다사이.

入国カードと パスポートを 見せて ください。

■ 여행 목적은 무엇입니까?

료꼬~노 모꾸떼끼와 난데스까?

旅行の 目的は 何ですか。

■ 관광입니다.

강꼬~데스.

観光です。

■ 어디에서 오셨습니까?

도꼬까라 기마시따까?

どこから 来ましたか。

■ 한국 서울에서 왔습니다.

강꼬꾸노 소우루까라 기마시따.

韓国の ソウルから 来ました。

■ 일본에서 며칠 간 머물 예정입니까?

니혼데 난니찌깐 다이자이스루 요떼~데스까?

日本で 何日間 滞在する 予定ですか。

47

2 입국 심사(2)

■ 약 5일간입니다.
야꾸 이쯔까깐데스.
約 5日間です。

■ 어디에서 숙박하실 예정입니까?
도꼬니 오또마리노 요떼~데스까?
どこに お泊まりの 予定ですか。

■ 유스호스텔입니다.
유~스호스테루데스.
ユースホステルです。

■ 직업은 무엇입니까?
쇼꾸교~와 난데스까?
職業は 何ですか。

■ 학생입니다.
각세~데스.
学生です。

■ 좋은 여행되시길.
요이 고료꼬~오.
よい ご旅行を。

3 짐 찾기

■ 짐은 어디에서 찾습니까?
  니모쯔와 도꼬데 우께또룬데스까?
  荷物は どこで 受け取るんですか。

■ 타고 오신 항공편은 무엇입니까?
  놋떼 기따 고~꾸~빙와 난데스까?
  乗って 来た 航空便は 何ですか。

■ KAL747편입니다.
  카~루 나나욘나나빈데스.
  KAL747便です

■ 저쪽입니다.
  아소꼬데스.
  あそこです。

■ 제 짐을 잃어버렸습니다.
  와따시노 니모쯔오 나꾸시떼 시마이마시따.
  私の 荷物を なくして しまいました。

■ 제 짐이 안 나왔는데요.
  와따시노 니모쯔가 데떼 기마센데시따.
  私の 荷物が 出て きませんでした。

필수표현 | 기내 | 공항 | 교통 | 음식 | 숙박 | 관광 | 쇼핑 | 공공시설 | 트러블 | 귀국 | 유용한 표현

4 세관 검사

■ 짐은 이게 전부입니까?
　　오니모쯔와 고레가 젬부데스까?
　お荷物は これが 全部ですか。

■ 뭐 신고할 물건은 없습니까?
　　나니까 신꼬꾸스루 모노와 아리마셍까?
　何か 申告する ものは ありませんか。

■ 아니오, 없습니다.
　　이이에, 아리마셍.
　いいえ、ありません。

■ 가방을 열어 주십시오.
　　가방오 아께떼 구다사이.
　カバンを 開けて ください。

■ 이것은 무엇입니까?
　　고레와 난데스까?
　これは 何ですか。

■ 친구에게 줄 김치입니다.
　　도모다찌니 아게루 기무찌데스.
　友達に あげる キムチです。

5 환전

■ 환전소는 어디입니까?
　료~가에쇼와 도꼬데스까?
　両替所は どこですか。

■ 저쪽 2번 창구입니다.
　아소꼬노 니반노 마도구찌데스.
　あそこの 2番の 窓口です。

■ 환전해 주세요.
　료~가에시떼 구다사이.
　両替して ください。

■ 어떻게 바꿔 드릴까요?
　도노요~니 가에마쇼~까?
　どのように 替えましょうか。

■ 엔으로 바꿔 주세요.
　엔니 가에떼 구다사이.
　円に 替えて ください。

■ 여기에 서명해 주십시오.
　고꼬니 사인시떼 구다사이.
　ここに サインして ください。

6 도심 이동

■ 우에노까지 어떻게 가면 되죠?

　　우에노마데 도~ 이께바 이이데스까?
　　上野まで どう 行けば いいですか。

■ 버스와 스카이라이너가 있습니다만.

　　바스또 스까이라이나~가 아리마스가.
　　バスと スカイライナーが ありますが。

■ 스카이라이너는 어디에서 탑니까?

　　스까이라이나~와 도꼬데 노리마스까?
　　スカイライナーは どこで 乗りますか。

■ 지하 1층입니다.

　　치까 익까이데스.
　　地下 1階です。

■ 밖으로 나가 오른쪽에 있는 5번 정류장입니다.

　　소또에 데떼 미기가와노 고반 데~류~죠데스.
　　外へ 出て 右側の 5番 停留所です。

■ 표는 어디에서 삽니까?

　　깁뿌와 도꼬데 가이마스까?
　　切符は どこで 買いますか。

7 기타 시설 이용

■ 안내 센터는 어디입니까?

인포메~숀센따~와 도꼬데스까?

インフォメーションセンターは どこですか。

■ 관광 안내소는 어디입니까?

강꼬~안나이쇼와 도꼬데스까?

観光案内所は どこですか。

■ JAL의 환승 카운터는 어디입니까?

쟈루노 노리쯔기카운따~와 도꼬데스가?

JALの 乗りつぎカウンターは どこですか。

■ 몇 번 게이트입니까?

남반 게~또데스까?

何番 ゲートですか。

■ 식당은 어디 있습니까?

쇼꾸도~와 도꼬데스까?

食堂は どこですか。

■ 택시 타는 곳은 어디입니까?

타꾸시~ 노리바와 도꼬데스까?

タクシー 乗り場は どこですか。

8 상황별 주요 단어

입국 심사

입국카드	뉴~꼬꾸카~도	入国カード
여권	료껨	旅券
방문목적	도꼬~모꾸떼끼	渡航目的
관광	강꼬~	観光
여행	료꼬~	旅行
비즈니스	비지네스	ビジネス
유학	류~가꾸	留学
회사원	가이샤잉	会社員
학생	각세~	学生

짐찾기

짐	니모쯔	荷物
항공편명	고~꾸~빈메~	航空便名

세관

신고	신꼬꾸	申告
면세품	멘제~힝	免税品
담배	다바꼬	タバコ
술	오사께	お酒

향수	고~스이	香水
화장품	게쇼~힝	化粧品

환전

환전	가와세	為替
원(₩)	원	ウォン
엔(¥)	엔	円
달러($)	도루	ドル
천 엔	셍엔	千円
오천 엔	고셍엔	5千円
1만 엔	이찌망엔	1万円

도심 이용

스카이라이너	스까이라이나~	スカイライナー
리무진버스	리무진바스	リムジンバス
택시	타꾸시~	タクシー
전철	덴샤	電車
정류소	데~류~죠	停留所
승강장	노리바	乗り場
표	깁뿌	切符

4

교통 필수 표현

버스

지하철 · 전철

택시

렌터카

신칸센

상황별 주요 단어

교통 이용

※ 본격적인 여행이 시작되었습니다. 어디를 가기 위해서는 여러 가지 교통기관을 이용해야 하는데요. 교통기관들을 이용할 때는 어떠한 말들을 써야 하는지 알아봅시다.

도쿄의 주요 교통 수단

1 주요 전철 및 지하철 노선

1 야마노테선 山手線

시부야, 신주쿠, 이케부쿠로, 아키하바라, 도쿄역, 시나가와 등 도쿄의 주요 거점을 순환하는 순환선입니다. 도쿄 교통의 기본이 되며, 한 바퀴를 도는데 1시간 정도 걸립니다. 외선(시계 방향)과 내선(시계 반대 방향) 순환으로 구분되니 이용 시 주의해야 합니다.

2 추오선 中央線

도쿄 시내를 동서로 가르며, 도쿄역에서 아이치현의 나고야까지 연결되어 있습니다. 급행선이 있으며, 도쿄 시내에서는 간다, 오차노미즈, 신주쿠 등을 연결합니다.

3 소부선 総武線

추오선과 마찬가지로 도쿄 시내를 동서로 가르며, 일부 중복 노선이 있습니다. 추오선과 달리 모든 역에 정차하며 주요 역에는 아키하바라, 오차노미즈, 이치가야, 요요기, 신주쿠 등이 있습니다.

④ 게이힌 도호쿠선 京浜東北線

도쿄를 남북으로 가로지르며, 도쿄역을 경유해 요코하마까지 이어집니다. 주요 역에는 우에노, 아키하바라, 간다, 시나가와, 요코하마 등이 있습니다.

2 도쿄의 주요 프리패스

① JR 도구나이패스 JR都区内パス : 성인 730엔, 어린이 360엔

도쿄도 23개 구내 지역의 JR 전철을 무제한 이용할 수 있으며 하루 동안 JR과 연계된 지역을 구경할 때 좋습니다. 자동발매기를 통해서 구입할 수 있습니다.

② 도쿄메트로 1일 승차권 東京メトロ一日乗車券 : 성인 710엔, 어린이 360엔

도쿄메트로에 소속된 8개 노선의 지하철을 무제한 이용할 수 있습니다. 자동발매기를 통해서 구입할 수 있습니다.

③ 도쿄 프리 티켓 東京フリー切符 : 성인 1,580엔, 어린이 790엔

도쿄 23구의 JR과, 도쿄메트로, 도에이都営지하철을 무제한 이용할 수 있지만 가격이 다소 비쌉니다.

④ 유리카모메 1일 승차권 ゆりかもめ一日乗車券 : 성인 800엔, 어린이 400엔

오다이바お台場 관광 시의 필수 아이템으로, 유리카모메 열차를 종일 이용할 수 있습니다.

1 교통 필수 표현

_____ 에는 어떻게 가나요?

_____ 에와 도~얏떼 이끼마스까?

_____ へは どうやって 行きますか。

□ 신주쿠 **신쥬꾸** 新宿	□ 시부야 **시부야** 渋谷	□ 하라주쿠 **하라쥬꾸** 原宿
□ 디즈니랜드 **디즈니~란도** ディズニーランド	□ 긴자 **긴자** 銀座	□ 아키하바라 **아끼하바라** 秋葉原
□ 오다이바 **오다이바** お台場	□ 도쿄타워 **도~꾜~타와~** 東京タワー	□ 우에노 **우에노** 上野

2 버스(1)

■ 저기요, 버스정류장은 어디입니까?
스미마셍가, 바스떼~와 도꼬데스까?
すみませんが、バス停は どこですか。

■ 곧장 가세요.
맛스구 잇떼 구다사이.
まっすぐ 行って ください。

■ 한국대사관에 가고 싶은데,
강꼬꾸타이시깡에 이끼따인데스가,
韓国大使館へ 行きたいんですが、

■ 몇 번 버스를 타면 됩니까?
남반바스니 노레바 이이데스까?
何番バスに 乗れば いいですか。

■ 7번을 타세요.
나나반니 놋떼 구다사이.
7番に 乗って ください。

■ 한국대사관에 가나요?
강꼬꾸타이시깡에 이끼마스까?
韓国大使館へ 行きますか。

2 버스(2)

■ 하토버스 승차장은 어디입니까?
　　하또바스 노리바와 도꼬데스까?
　　はとバス 乗り場は どこですか。

■ 요금은 얼마입니까?
　　료~낑와 이꾸라데스까?
　　料金は いくらですか。

■ 한국어로 안내합니까?
　　강꼬꾸고데 안나이시마스까?
　　韓国語で 案内しますか。

■ 도착하면 알려주세요.
　　쯔이따라 오시에떼 구다사이.
　　着いたら 教えて ください。

■ 다음에 내리세요.
　　쯔기데 오리떼 구다사이.
　　次で 降りて ください。

■ 고맙습니다.
　　아리가또~고자이마스.
　　ありがとうございます。

알고 갑시다

속편하게 여행하고 싶다면

하토버스 はとバス

도쿄의 명소를 가이드의 설명을 들으며 돌아볼 수 있는 하토버스(HATO BUS)는 도쿄 버스 투어의 대명사입니다.
교통편 걱정 없이 여유로운 기분으로 여행하고 싶을 때 유용하며, 도쿄 주요 호텔까지 픽업 서비스를 하고 있어 하토버스 터미널까지 찾아가는 번거로움이 없습니다.

투어에 따라서는 한국어 안내를 해주는 자동가이드시스템을 갖추고 있으며, 이 외에 영어와 중국어 서비스도 하고 있습니다.
반나절 코스, 한나절 코스, 1일 코스, 나이트투어, 일본문화 체험 투어 등 그 종류도 다양하지만 가격이 4,500엔~9,800엔으로 다소 비쌉니다.
한국에서도 홈페이지(www.hatobus.com)와 전화를 통해서 예약이 가능하며, 운이 좋아 승차 당일 빈 좌석이 있으면 예약을 하지 않아도 이용이 가능합니다.

3 지하철·전철

■ 제일 가까운 전철역은 어디입니까?

이찌반 치까이 덴샤에키와 도꼬데스까?
一番 近い 電車駅は どこですか。

■ 표는 어디에서 삽니까?

깁뿌와 도꼬데 가이마스까?
切符は どこで 買いますか。

■ 저쪽 자동판매기에서 사세요.

아소꼬노 지도~함바이끼데 갓떼 구다사이.
あそこの 自動販売機で 買って ください。

■ 시나가와 방면은 이쪽에서 탑니까?

시나가와호~멩와 고찌라데 노리마스까?
品川方面は こちらで 乗りますか。

■ 아니오. 반대편입니다.

이이에. 한따이호~멘데스.
いいえ。反対方面です。

■ 어디에서 갈아탑니까?

도꼬데 노리까에마스까?
どこで 乗り換えますか。

■ 몇 번 홈에서 타면 됩니까?
  남반 호~무데 노레바 이이데스까?
  何番 ホームで 乗れば いいですか。

■ 3번 홈에서 타세요.
  삼방 호~무데 놋떼 구다사이.
  3番 ホームで 乗って ください。

■ 특급도 서나요?
  독뀨~모 도마리마스까?
  特急も 止まりますか。

■ 정산은 어디에서 합니까?
  세~상와 도꼬데 시마스까?
  清算は どこで しますか。

■ 도쿄 도청으로 가는 출구는 어디입니까?
  도~꾜~ 도쵸~니 이꾸 데구찌와 도꼬데스까?
  東京 都庁に 行く 出口は どこですか。

■ 남쪽 출구로 나가세요.
  미나미구찌니 데떼 구다사이.
  南口に 出て ください。

일본 전철 · 지하철의 안내 방송

일본도 우리나라와 마찬가지로 택시를 제외한 거의 모든 교통수단에서 안내방송을 들을 수 있습니다. 다른 점은 일본에서는 아직도 육성 안내방송을 많이 한다는 점입니다. 그리고 심야에는 일부 구간에서 안내방송을 하지 않고 차임벨로 내릴 역을 알리는 경우도 있으니, 방송이 나오지 않아 당황하지 않도록 하세요.

1 열차 내에서

- まもなく○○、○○です。

  마모나꾸 ○○, ○○데스.
  곧 ○○, ○○입니다.

- 出口は右側(左側)です。

  데구찌와 미기가와(히다리가와)데스.
  출구는 오른쪽(왼쪽)입니다.

- お忘れ物のないように、ご注意ください。

  오와스레모노노 나이요~니, 고쮸~이구다사이.
  분실물이 없도록 주의하십시오.

2 플랫폼에서

- まもなく○○線に××行き電車がまいります。

  마모나꾸 ○○센니 ××유끼덴샤가 마이리마스.
  곧 ○○선에 ××행 전철이 들어옵니다.

- 危ないですから、白線まで下がってお待ちください。

  아부나이데스까라, 하꾸센마데 사갓떼 오마찌구다사이.
  위험하니 흰 선까지 물러나 기다려 주십시오.

4 택시

■ 택시 승차장은 어디입니까?
  타꾸시~노리바와 도꼬데스까?
  タクシー乗り場は どこですか。

■ 뒤 트렁크 좀 열어 주세요.
  우시로노 토랑꾸오 아께떼 구다사이.
  うしろの トランクを 開けて ください。

■ 이 주소로 가 주세요.
  고노 쥬~쇼마데 잇떼 구다사이.
  この 住所まで 行って ください。

■ 오른쪽(왼쪽)으로 가 주십시오.
  미기(히다리)니 잇떼 구다사이.
  右(左)に 行って ください。

■ 여기서 세워 주세요.
  고꼬데 도메떼 구다사이.
  ここで 止めて ください。

■ 여기서 잠시만 기다려 주시겠습니까?
  고꼬데 촛또 맛떼 이따다께마셍까?
  ここで ちょっと 待って いただけませんか。

알고 갑시다

외국에서도 운전할 수 있는 국제운전면허증

국제운전면허증은 국제 협약에 따라 외국에서도 운전을 할 수 있도록 한 일종의 운전면허증입니다. 일본은 우리나라와 가맹국이기 때문에 사용할 수 있으며, 비사업용 자동차에만 해당이 됩니다. 국제운전면허증을 교부받기 위해서는 원칙적으로는 지방경찰청장에게 신고를 하여야 하지만 가까운 운전면허시험장에서 30분 정도면 발급을 해줍니다.

필요한 서류는 교부신청서와 증명사진 1장(3×4), 여권, 운전면허증이며, 이 때 인지대 7,000원을 내야 합니다. 유효기간은 1년입니다.

주의해야 할 것은 국제운전면허증만을 소지하고 운전을 했을 경우에는 무면허 운전으로 처벌될 수 있습니다. 반드시 자신의 운전면허증과 여권을 함께 소지하고 운전해야 불이익을 받지 않습니다. 또한 국제운전면허증의 영문 이름과 여권의 영문 이름이 다를 경우 면허증의 효력을 인정받지 못할 수도 있습니다.

마지막으로 일본은 우리와 차선이 반대이기 때문에 사고를 내는 경우가 종종 있으니 운전에 주의하셔야 합니다.

5 렌터카

■ 차를 3일간 빌리고 싶은데요.
   구루마오 믹까깐 가리따이노데스가.
   車を 3日間 借りたいのですが。

■ 어떤 차를 원하십니까?
   돈나 구루마오 고끼보~데스까?
   どんな 車を ご希望ですか。

■ 소형으로 오토매틱 차를 부탁합니다.
   고가따노 오~또마칙꾸샤오 오네가이시마스.
   小型の オートマチック車を お願いします。

■ 국제운전면허증은 있습니까?
   곡사이멩꾜쇼~와 아리마스까?
   国際免許証は ありますか。

■ 네, 물론입니다.
   하이, 모찌론데스.
   はい、もちろんです。

■ 하루에 얼마입니까?
   이찌니찌니 이꾸라데스까?
   1日に いくらですか。

6 신칸센

■ 교토행 히카리는 있습니까?

교~또유끼노 '히까리'와 아리마스까?

京都行きの 「ひかり」は ありますか。

■ 3시 30분 출발이 있습니다.

산지 산집뿐하쯔가 아리마스.

3時 30分発が あります。

■ 다음 열차는 몇 시입니까?

쯔기노 렛샤와 난지데스까?

次の 列車は 何時ですか。

■ 오늘 막차는 몇 시에 있습니까?

교~노 사이슈~렛샤와 난지데쇼~까?

今日の 最終列車は 何時でしょうか。

■ 교토까지 편도 두 장 주세요.

교~또마데 가따미찌 니마이 오네가이시마스.

京都まで 片道 2枚 お願いします。

■ 지정석이 2만 엔, 자유석이 1만 8천 엔입니다.

시떼~세끼가 니망엔, 지유~세끼가 이찌만 핫셍엔데스.

指定席が 2万円、自由席が 1万 8千円です。

■ **지정석으로 하겠습니다.**
시떼~세끼니 시마스.
指定席にします。

■ **흡연석과 금연석이 있습니다만.**
기쯔엔세끼또 깅엔세끼가 아리마스가.
喫煙席と 禁煙席が ありますが。

■ **금연석으로 부탁합니다.**
깅엔세끼데 오네가이시마스.
禁煙席で お願いします。

■ **이 표를 취소할 수 있습니까?**
고노 깁뿌오 캰세루 데끼마스까?
この 切符を キャンセル できますか。

■ **아니오. 하지만 변경은 가능합니다.**
이이에. 데모 헹꼬~와 데끼마스.
いいえ。でも、変更は できます。

■ **녹색창구는 어디에 있습니까?**
미도리노마도구찌와 도꼬데스까?
みどりの窓口は どこですか。

7 상황별 주요 단어

버스

요금	료~낑	料金(りょうきん)
버스정류장	바스떼~	バス停(てい)
~행	~유끼	~行(ゆ)き
버스터미널	바스타~미나루	バスターミナル
심야버스	싱야바스	深夜(しんや)バス
시내관광	시나이쯔아~	市内(しない)ツアー

전철·지하철

시각표	다이야	ダイヤ
환승	노리까에	乗(の)り換(か)え
보통	후쯔~	普通(ふつう)
급행	규~꼬~	急行(きゅうこう)
쾌속	가이소꾸	快速(かいそく)
특급	독뀨~	特急(とっきゅう)
홈	호~무	ホーム
노선도	로센즈	路線図(ろせんず)
일일승차권	이찌니찌후리~파스	一日(いちにち)フリーパス
표	깁뿌	切符(きっぷ)

택시

택시승차장	타꾸시~노리바	タクシー乗り場
미터	메~따~	メーター
트렁크	토랑꾸	トランク

렌터카

차를 렌트하다	구루마오 가리루	車を借りる
국제운전면허증	곡사이멩꾜쇼~	国際免許証
소형	고가따	小型
중형	츄~가따	中型
카탈로그	카타로구	カタログ

신칸센

JR	제~아~루	JR
녹색창구	미도리노마도구찌	みどりの窓口
정산소	세~산쇼	清算所
자유석	지유~세끼	自由席
지정석	시떼~세끼	指定席
금연석	깅엔세끼	禁煙席
흡연석	기쯔엔세끼	喫煙席

5

식당 필수 표현
고급 일식집
레스토랑
간단히 식사할 때
패스트푸드점
카페
주점
예약
계산
기타 표현
상황별 주요 단어

음식 즐기기

여기저기 돌아다니다 보면 금세 배가 고파지는 것은 당연지사! 금강산도 식후경이라고 하니 든든하게 먹고 다시 여행을 즐길 기운을 차리세요.

알고 갑시다

저렴하고 간단히 먹을 수 있는 일본 음식들

1 야끼소바 焼きそば ; 야끼소바

삶은 면에 채소와 고기 등을 넣고 볶은 볶음국수. 아주 대중적인 음식이며 가격도 300엔~500엔 가량으로 저렴한 편입니다. 일반 소바는 면을 메밀로 만들지만 야키소바의 면은 밀가루로 만들어 얼핏 우동이나 스파게티의 면과 비슷합니다.

2 라면 ラーメン ; 라~멘

누구나 인정하는 일본의 대표적인 서민 음식. 지역별로 유명 라면이 있을 만큼 그 종류와 가격이 다양합니다. 가장 많이 볼 수 있는 라면은 일본식 된장인 미소味噌로 맛을 낸 미소라면味噌ラーメ과 돼지뼈로 맛을 낸 돈코츠라면豚骨ラーメン, 일본식 간장인 쇼유醬油로 맛을 낸 쇼유라면 등입니다.

3 덮밥 丼 ; 돔부리

우리나라와 마찬가지로 일본에도 다양한 종류의 덮밥이 저렴한 가격에 배를 채워 줍니다. 덮밥은 재료에 의해 부르는 이름이 각각 다른데요, 닭고기와 계란이 들어간 오야코돈親子丼, 조린 돈가스

위에 계란을 풀어낸 가츠돈カツ丼, 밥 위에 튀김을 얹은 덴돈天丼, 쇠고기와 양파 등을 간장으로 조려 얹은 규동牛丼이 대표적입니다.

4 도시락 お弁当 : 오벤또~

일본은 야외 공원에서 혼자 도시락을 먹어도 전혀 이상하지 않을 만큼 도시락이 보편화되어 있습니다. 300~500엔 정도의 가격에 도시락 전문점이나 편의점 등에서 쉽게 구입할 수 있어 편리하고, 상당히 위생적이기 때문에 안심하고 드셔도 됩니다.

5 주먹밥 おにぎり : 오니기리

손으로 쥐어서 만들어 붙여진 이름입니다. 언제 어디서나 휴대가 간편하고 부담없이 먹을 수 있어 남녀노소 누구나 즐기고 있습니다. 도쿄에서만 하루에 팔리는 개수가 700만 개 이상이라고 하니 그 인기를 실감할 수 있습니다. 가격도 100엔~150엔 정도로 저렴하지만 양이 적기 때문에 여러 개를 구입하는 경우가 많습니다.

6 우동 うどん : 우동

우동도 라면처럼 간편하게 먹을 수 있는 서민 음식입니다. 우동 중에서는 사누키우동讃岐うどん이 유명한데, 사누키는 가가와현의 옛지명입니다. 면을 간장에 찍어 먹으며, 면발이 쫄깃합니다. 이밖에도 유부를 넣은 기츠네우동きつねうどん, 튀김을 넣은 덴푸라우동てんぷらうどん, 특별한 내용물이 없이 튀김가루를 넣은 다누끼우동 등이 유명합니다.

1 식당 필수 표현

_____ 을 주세요.

_____ 오 구다사이.
_____ を ください。

□ 물 미즈 水	□ 젓가락 하시 箸	□ 숟가락 스뿌~ㄴ スプーン
□ 컵 콥뿌 コップ	□ 냅킨 나뿌낑 ナプキン	□ 설탕 사또~ 砂糖
□ 식초 스 酢	□ 간장 쇼~유 醤油	□ 소금 시오 塩

_____ 을 주세요.

_____ 오 구다사이.

_____ をください。

라면 라~멘  ラーメン	초밥 스시  すし	회 사시미  刺身
튀김 뎀뿌라  てんぷら	다코야키 다꼬야끼  たこ焼き	덮밥 돔부리  どんぶり
우동 우동  うどん	메밀국수 소바  そば	오코노미야키 오꼬노미야끼  お好み焼き

필수표현 / 기내 / 공항 / 교통 / 음식 / 숙박 / 관광 / 쇼핑 / 공공시설 / 트러블 / 귀국 / 유용한 표현

79

2 고급 일식집

■ 어서 오십시오. 몇 분이십니까?

이랏샤이마세. 남메~사마데쇼~까

いらっしゃいませ。何名様でしょうか。

■ 두 명입니다.

후따리데스.

二人です。

■ 이쪽으로 오십시오. 메뉴입니다.

고찌라에 도~조. 메뉴~데고자이마스.

こちらへ どうぞ。メニューでございます。

■ 추천요리는 무엇입니까?

오스스메와 난데스까?

おすすめは 何ですか。

■ 돔요리가 있습니다만.

타이료~리가 고자이마스가.

たい料理が ございますが。

■ 그럼 그걸로 주십시오.

쟈~, 소레오 오네가이시마스.

じゃあ、それを お願いします。

3 레스토랑

■ 주문은 무엇으로 하시겠습니까?
고츄~몽와 나니니 나사이마스까?
ご注文は 何に なさいますか。

■ 이건 어떤 요리입니까?
고레와 돈나 료~리데스까?
これは どんな 料理ですか。

■ 저는 스테이크로 하겠습니다.
와따시와 스떼~끼니 시마스.
私は ステーキに します。

■ 디저트에는 뭐가 있습니까?
데자~또니와 나니가 아리마스까?
デザートには 何が ありますか。

■ 디저트는 식사와 함께 주세요.
데자~또와 쇼꾸지또 잇쇼니 다시떼 구다사이.
デザートは 食事と 一緒に 出して ください。

■ 접시를 치워 주세요.
오사라오 사게떼 구다사이.
お皿を 下げて ください。

4 간단히 식사할 때

■ 어서 오십시오.
    이랏샤이마세.
    いらっしゃいませ。

■ 저기요, 메뉴 좀 보여 주세요.
    스미마셍. 메뉴~오 오네가이시마스.
    すみません、メニューを お願いします。

■ 무엇으로 하시겠습니까?
    나니니 나사이마스까?
    何に なさいますか。

■ 쇠고기덮밥 주세요.
    규~동 구다사이.
    牛丼 ください。

■ 물과 물수건 좀 주세요.
    오미즈또 오시보리오 구다사이.
    お水と おしぼりを ください。

■ 따뜻한 물을 주세요.
    오유오 구다사이.
    お湯を ください。

■ 추천하는 라면은 무엇인가요?
    오스스메노 라~멩와 난데스까?
    お勧めの ラーメンは 何ですか。

■ 간장라면을 추천합니다.
    쇼~유라~멩가 오스스메데스.
    醬油ラーメンが お勧めです。

■ 군만두도 하나 주세요.
    교~자모 히또쯔 구다사이.
    ギョーザも 一つ ください。

■ 김치는 있나요?
    기무찌와 아리마스까?
    キムチは ありますか。

■ 음식은 빨리 되나요?
    료~리와 스구 데끼마스까?
    料理は すぐ できますか。

■ 오래 기다리셨습니다.
    오마따세시마시따.
    お待たせしました。

5 패스트푸드점

■ 칠리버거세트 주세요.
치리바~가~셋또 구다사이.
チリバーガーセット ください。

■ 드시고 가실 겁니까?
덴나이데 메시아가리마스까?
店内で 召し上がりますか。

■ 가지고 가실 겁니까?
오모찌까에리데스까?
お持ち帰りですか。

■ 주문은 이것으로 다 되신 겁니까?
고츄~몽와 고레데 요로시이데쇼~까?
ご注文は これで よろしいでしょうか。

■ 다시 한 번 주문을 확인하겠습니다.
모~ 이찌도 고츄~몽 가꾸닝이따시마스.
もう 一度、ご注文 確認いたします。

■ 케첩도 주세요.
케챱뿌모 구다사이.
ケチャップも ください。

6 카페

■ **아이스커피는 있습니까?**
아이스코~히~와 아리마스까?
アイスコーヒーは ありますか。

■ **크림을 넣을까요?**
크리~무오 이레마쇼~까?
クリームを 入れましょうか。

■ **시럽은 어디에 있습니까?**
시롭뿌와 도꼬니 아리마스까?
シロップは どこに ありますか。

■ **커피를 좀더 주시겠습니까?**
모~스꼬시 코~히~오 이따다께마스까?
もう少し コーヒーを いただけますか。

■ **홍차로 하겠습니다.**
고~쨔니 시마스.
紅茶に します。

■ **재떨이 주세요.**
하이자라오 구다사이.
灰皿を ください。

알고 갑시다

도토루와 모스버거

도토루커피 ドトールコーヒー : 도또~루 코~히~

도토루는 일본 전역에 1500개 이상(2006년 기준)의 점포를 가지고 있는 대형 커피전문점입니다. 커피 전문점 중에서는 일본에서 가장 많은 점포수를 가지고 있으며, 가격도 상대적으로 저렴합니다. 우리나라에도 1980년대 후반 진출을 했지만 채 10년을 채우지 못하고 철수하기도 했습니다.

커피의 가격은 200~400엔 정도이며, 커피 외에도 비슷한 가격에 버거류와 핫도그, 토스트 등도 판매하고 있습니다.

도토루커피 외에도 에스프레소를 즐길 수 있는 이탈리안 풍의 엑셀시오르 카페 エクセルシオールカフェ, 하와이의 직영 농원에서 수확된 최고급 커피를 판매하는 카페 마우카 메도우 カフェ マウカメドウズ, 스파게티 하우스 올리브나무 オリーブの木 등 다양한 브랜드의 점포를 운영하고 있습니다.

도투루(doutor)는 포르투갈어로 의사, 박사라는 뜻으로 영어의 'doctor'와 거의 유사한 뜻이지만, 실제로는 창업자가 브라질의 커피농장에서 일하던 곳의 지명이라고 합니다.

모스바 モスバーガー ; 모스바~가~

일본인의 기호에 맞춘 햄버거를 기치로 내걸고 시작한 모스버거는 일반 패스트푸드점들의 셀프서비스와는 달리 주문을 받고 음식을 만들어 가져다주는 방식으로 운영됩니다.

햄버거가 주는 패스트푸드 이미지 때문에 패스트푸드점으로 분류되지만 실제로는 양식당에 가까울 정도입니다.

모스버거는 유기농 채소를 사용하는 수제 햄버거에 가깝기 때문에 다른 햄버거들보다는 가격이 비싼 편입니다. 햄버거가 주 메뉴이며, 그 외에 핫도그와 샐러드, 치킨 등 다양한 메뉴를 가지고 있습니다. 가격은 버거류가 250엔~400엔 가량입니다. 음료는 리필이 되지 않으며, 소스류도 요청을 하지 않으면 주지 않으니 주의하셔야 합니다.

일본 전역에 1,380개가량의 점포를 가지고 있어 점포수로는 맥도날드 다음으로 많습니다. 우리나라에는 아직 없지만 해외에도 약 200개의 점포를 가지고 있습니다.

7 주점

■ 알콜이 안 들어가는 음료가 있습니까?

아루꼬~루노 하이라나이 노미모노와 아리마스까?

アルコールの 入らない 飲み物は ありますか。

■ 일단 생맥주 두 잔과

도리아에즈, 나마비~루오 후따쯔또

とりあえず、生ビールを 二つと

■ 소시지모둠 주세요.

소~세~지노 모리아와세 오네가이시마스.

ソーセージの 盛り合わせ お願いします。

■ 안주는 정하셨습니까?

오쯔마미와 오끼마리데스까?

おつまみは お決まりですか。

■ 닭꼬치 3접시 주세요.

야끼또리오 산사라 구다사이.

焼き鳥を 3皿 ください。

■ 앞접시를 주세요.

도리자라오 오네가이시마스.

取り皿を お願いします。

8 예약

■ 예약을 하고 싶습니다.
  요야꾸오 오네가이시따이노데스가.
  予約を お願いしたいのですが。

■ 7시에 4명 자리를 부탁합니다.
  시찌지니 요닌노 세끼오 오네가이시마스.
  7時に 4人の 席を お願いします。

■ 창가 쪽 자리를 예약한 사람입니다.
  마도기와노 세끼오 요야꾸시따 모노데스.
  窓際の 席を 予約した 者です。

■ 테라스 쪽 자리가 좋은데요.
  테라스노 세끼가 이이노데스가
  テラスの 席が いいのですが。

■ 금연석으로 부탁합니다.
  낑엔세끼니 오네가이시마스.
  禁煙席に お願いします。

■ 흡연석으로 부탁합니다.
  기쯔엔세끼니 오네가이시마스.
  喫煙席に お願いします。

9 계산

■ 계산해 주세요.

오깐죠~ 오네가이시마스.
お勘定 お願いします。

■ 전부해서 얼마입니까?

젬부데 이꾸라니 나리마스까?
全部で いくらに なりますか。

■ 소비세 포함해서 3,000엔입니다.

쇼~히제~꼬미데 산젱엔데스.
消費税込みで 3000円です。

■ 이 카드로 지불해도 됩니까?

고노 카~도데 하랏떼모 이이데쇼~까?
この カードで 払っても いいでしょうか。

■ 따로 따로 지불하고 싶은데요.

베쯔베쯔니 하라이따이노데스가.
別々に 払いたいのですが。

■ 계산은 따로 따로 부탁합니다.

오깐죠~와 베쯔베쯔니 오네가이시마스.
お勘定は 別々に お願いします。

10 기타 표현(1)

■ 계산이 틀린 것 같은데요.

간죠~니 마찌가이가 아루요~데스가.

勘定に 間違いが あるようですが。

■ 동석해도 괜찮을까요?

아이세끼시떼모 이이데쇼~까?

相席しても いいでしょうか。

■ 어떻게 먹습니까?

도~얏떼 다베루노데스까?

どうやって 食べるのですか。

■ 맛은 어떻습니까?

오아지와 도~데스까?

お味は どうですか。

■ 이 가게에서 잘하는 요리는 무엇입니까?

고노 미세노 지만료~리와 난데스까?

この 店の 自慢料理は 何ですか。

■ 오늘의 스페셜 요리는 무엇입니까?

쿄~노 스페샤루 료~리와 난데스까?

今日の スペシャル料理は 何ですか。

10 기타 표현(2)

■ 채식가용 요리는 있습니까?

　　베지따리앙요~노 료~리와 아리마스까?
　　ベジタリアン用の 料理は ありますか。

■ 이 요리를 설명해 주시겠습니까?

　　고노료~리오 세쯔메~시떼 모라에마셍까?
　　この料理を 説明して もらえませんか。

■ 여기에는 향신료가 들어가 있습니까?

　　고꼬니와 고~신료~가 하잇떼 이마스까?
　　ここには 香辛料が 入って いますか。

■ 저 커다란 접시의 요리는 무엇입니까?

　　아노 오~끼이 사라노 료~리와 난데스까?
　　あの 大きい 皿の 料理は 何ですか。

■ 나도 같은 것으로 부탁합니다.

　　와따시모 오나지모노오 오네가이시마스.
　　私も 同じ物を お願いします。

■ 젓가락을 주시겠습니까?

　　오하시오 모라에마셍까?
　　お箸を もらえませんか。

■ 디저트는 나중에 주문하겠습니다
　　데자~또와 아또데 츄~몬시마스.
　　デザートは 後で 注文します

■ 테이크아웃용으로 해 주세요.
　　모찌가에리요~니 시떼 호시이노데스가.
　　持ち帰り用に して ほしいのですが。

■ 런치세트는 얼마인가요?
　　란찌셋또와 이꾸라데스까?
　　ランチセットは いくらですか。

■ 리필 되나요?
　　오까와리데끼마스까?
　　お代わりできますか。

■ 잘 먹겠습니다.
　　이따다끼마스.
　　いただきます。

■ 잘 먹었습니다.
　　고찌소~사마데시따
　　ごちそうさまでした。

11 상황별 주요 단어

식기

젓가락	하시	箸
숟가락	스뿌~ㄴ	スプーン
포크	호~꾸	フォーク
접시	오사라	お皿
앞접시	도리자라	取り皿
컵	콥뿌	コップ

메뉴

정식	데~쇼꾸	定食
모둠	모리아와세	盛り合わせ
추천요리	오스스메노 료~리	お勧めの料理
런치세트	란치셋또	ランチセット

요리

라면	라~멘	ラーメン
우동	우동	うどん
햄버거	함바~가~	ハンバーガー
스테이크	스떼~끼	ステーキ
샌드위치	산도잇찌	サンドイッチ

쇠고기덮밥	규~동	牛丼
닭고기덮밥	오야꼬동	親子丼
돈가스덮밥	가쯔동	カツ丼
생선초밥	스시	寿司
생선회	사시미	刺身
전골요리	나베료~리	鍋料理

양념

소금	시오	塩
간장	쇼~유	醤油
설탕	사또~	砂糖
후추	고쇼~	胡椒
조미료	쵸~미료~	調味料
시치미	시치미	七味

음료

커피	코~히~	コーヒー
녹차	료꾸챠	緑茶
홍차	고~챠	紅茶
물	오미즈	お水
따뜻한 물	오유	お湯
콜라	코~라	コーラ

6

숙박 필수 표현

예약

체크인(예약)

체크인(미예약)

체크인(유스호스텔)

룸서비스

세탁서비스

조식

체크아웃

트러블

기타 표현

상황별 주요 단어

숙박 이용

맛있게 먹고 신나게 놀다보면 어느덧 날은 저물고 몸은 지쳐만 갑니다. 몸이 편해야 마음도 편해지기 마련인데요. 하루의 피로를 풀 잠자리가 불편하면 안 되겠죠?

일본 숙박 시설의 종류와 가격

숙박은 현지에서 구하기보다는 한국에서 미리 예약을 해두는 것이 좋습니다. 힘든 여정으로 지친 몸을 이끌고 방을 구하기 위해 이리저리 돌아다니면 여행의 재미가 반감되지 않을까요?

1 특급 호텔

숙박시설 중 가장 비싸지만 쾌적함과 교통 편리성이 좋습니다. 룸서비스나 통역서비스 외에도 주변 지역의 맛있는 음식점이나 유명 관광지, 각종 시설에 대한 안내 등 여행자가 필요로 하는 거의 모든 서비스를 제공하기 때문에 만족도도 높고, 리무진버스가 호텔까지 운행하여 입국과 출국시 수고를 덜 수 있습니다. 1일 숙박료는 싱글룸이 약 15,000엔~30,000엔, 더블룸과 트윈룸이 약 25,000엔~45,000엔 정도입니다.

2 비즈니스 호텔

합리적인 가격에 비교적 편리하게 이용할 수 있는 호텔입니다. 교통의 편의성이나 위치 등은 특급 호텔과 큰 차이는 없지만 룸서비스나 통역서비스, 조식 등 고객 서비스를 줄여 요금을 저렴하게 받고 있습니다. 대신 객실 통로마다 자동판매기가 설치되어 있는 경우가 많으며, 대부분 욕실을 갖추고 있습니다.
1일 숙박료는 약 5,000엔~10,000엔 정도입니다.

3 료칸 旅館

일본의 전통적인 숙박시설을 체험해 보고 싶다면 료칸이 제격입니다. 한자 표기가 여관旅館이기 때문에 선입관이 생길 수 있지만, 우리나라의 여관과는 전혀 다른 숙박시설입니다. 대대로 이어져오는 곳도

많아 전통색이 물씬 풍길 뿐 아니라 전통 음식과 온천이나 목욕을 즐길 수 있어 일본을 느끼기에 충분합니다.

1일 숙박료는 6,000엔~30,000엔 정도이며, 저녁과 아침 식사가 포함된 경우가 많습니다.

4 민슈쿠 民宿

우리나라의 민박에 해당하는 숙박시설입니다. 료칸과 마찬가지로 두 끼의 식사를 제공하는 경우가 많으며, 1일 숙박료도 3,000엔~10,000엔 정도이기 때문에 비교적 부담이 덜합니다. 또한 대부분이 일본의 가정집과 같은 느낌을 주기 때문에 일본인의 일상을 살필 수 있는 기회가 되기도 합니다.

5 유스호스텔 ユースホステル

일본에는 약 330여 개의 유스호스텔이 있습니다. 대부분의 객실은 남녀가 별도로 사용하고 있으며, 다다미방이 있는 경우도 있습니다. 요금은 3,000엔 정도. 식사는 제공

되지 않지만 취사가 가능하기 때문에 직접 만들어서 먹을 수 있습니다. 기본적으로 유스호스텔 회원증이 있어야 하지만 회원이 아니더라도 1,000엔의 추가 요금을 지불하면 이용할 수 있습니다.

1 숙박 필수 표현

_____ 으로 부탁합니다.

_____ 데 오네가이시마스.
_____ で お願(ねが)いします。

□ 싱글룸
싱구루루~무
シングルルーム

□ 더블룸
다부루루~무
ダブルルーム

□ 트윈룸
쯔인루~무
ツインルーム

□ 스위트룸
스이~또루~무
スイートルーム

□ 일본식 방
와시쯔
和室(わしつ)

2 예약(1)

■ 어떤 방을 찾으십니까?
돈나 헤야오 오사가시데스까?
どんな 部屋を お探しですか。

■ 1인실을 예약하고 싶습니다만.
히또리베야오 요야꾸시따이노데스가.
一人部屋を 予約したいのですが。

■ 며칠부터 며칠 간 묵으실 겁니까?
난니찌까라 난니찌깐 오또마리니 나리마스까?
何日から 何日間 お泊まりに なりますか。

■ 10월 13일부터 2박입니다.
쥬~가쯔 쥬~산니찌까라 니하꾸데스.
10月 13日から 2泊です。

■ 성함이 어떻게 되십니까?
오나마에와?
お名前は？

■ 김대한이라고 합니다.
김대한또 모~시마스.
金大韓と 申します。

2 예약(2)

■ 방값은 얼마입니까?

헤야다이와 이꾸라데스까?

部屋代は いくらですか。

■ 1박에 8,000엔입니다.

입빠꾸 핫셍엔데스.

1泊 8,000円です。

■ 조식 포함입니까?

쵸~쇼꾸쯔끼데스까?

朝食付きですか。

■ 네. 조식 포함입니다.

하이. 쵸~쇼꾸쯔끼데스.

はい。朝食付きです。

■ 가장 가까운 역이 어디입니까?

모요리노 에끼와 도꼬데스까?

もよりの 駅は どこですか。

■ 시부야역입니다.

시부야에끼데스.

渋谷駅です。

3 체크인 (예약)

■ 방을 예약해 두었는데요.
   헤야오 요야꾸시딴데스가.
   部屋を 予約したんですが。

■ 성함이 어떻게 되십니까?
   오나마에와?
   お名前は？

■ 김대한이라고 합니다.
   김대한또 모~시마스.
   金大韓と 申します。

■ 예, 예약되어 있습니다.
   하이, 우께따마왓떼 오리마스.
   はい、うけたまわって おります。

■ 이 숙박카드를 작성해 주십시오.
   고노 슈꾸하꾸카~도니 고끼뉴~구다사이.
   この 宿泊カードに ご記入ください。

■ 방은 731호실입니다.
   오헤야와 나나햐꾸산쥬~이찌고~시쯔데고자이마스.
   お部屋は 731号室でございます。

4 체크인 (미예약)

■ 저기요, 방 있습니까?
스미마셍가, 오헤야 아리마스까?
すみませんが、お部屋 ありますか。

■ 예, 있습니다. / 아니오, 없습니다.
하이, 아리마스. / 이이에, 아리마셍.
はい、あります。/ いいえ、ありません。

■ 어떤 방으로 하시겠습니까?
돈나 헤야데 나사이마스까?
どんな 部屋で なさいますか。

■ 싱글룸으로 부탁합니다.
싱구루루~무데 오네가이시마스.
シングルルームで お願いします。

■ 며칠 간 묵으실 겁니까?
난니찌깐 오또마리니 나리마스까?
何日間 お泊まりに なりますか。

■ 이틀 묵겠습니다.
후쯔까 도마리마스.
二日 泊ります。

5 체크인 (유스호스텔)

■ 방 있습니까?
　오헤야 아리마스까?
　お部屋 ありますか。

■ 회원증은 가지고 계십니까?
　가이인쇼~와 오모찌데스까?
　会員証は お持ちですか。

■ 예, 가지고 있습니다.
　하이, 못떼 이마스.
　はい、持って います。

■ 1박에 얼마입니까?
　입빠꾸 이꾸라데스까?
　1泊 いくらですか。

■ 2식을 포함해서 3,300엔입니다.
　니쇼꾸쯔끼데 산젠삼뱌꾸엔데스.
　2食付きで 3,300円です。

■ 그럼 2박 하겠습니다.
　소레쟈, 니하꾸시마스.
　それじゃ、2泊します。

6 룸서비스

■ **예, 룸서비스입니다.**
　하이, 루~무사~비스데고자이마스.
　はい、ルームサービスでございます。

■ **707호실인데요, 얼음과 물을**
　나나햐꾸나나고~시쯔데스가, 고~리또 미즈오
　７０７号室ですが、氷と 水を

■ **갖다 주실 수 없겠습니까?**
　못떼끼떼 이따다께마셍까?
　持ってきて いただけませんか。

■ **모닝콜을 부탁하고 싶은데요.**
　모~닝구코~루오 오네가이시따인데스가.
　モーニングコールを お願いしたいんですが。

■ **몇 시가 좋으시겠습니까?**
　난지가 요로시이데쇼~까?
　何時が よろしいでしょうか。

■ **아침 6시에 부탁합니다.**
　아사 로꾸지니 오네가이시마스.
　朝 ６時に お願いします。

7 세탁 서비스

■ 세탁을 부탁하고 싶은데요.
쿠리~닝구오 오네가이시따인데스가.
クリーニングを お願いしたいんですが。

■ 예, 어떤 것입니까?
하이, 돈나 모노데고자이마스까?
はい、どんな 物でございますか。

■ 와이셔츠 한 장입니다.
샤쯔 이찌마이데스.
シャツ 1枚です。

■ 드라이크리닝 하시겠습니까?
도라이쿠리~닝구오 나사이마스까?
ドライクリーニングを なさいますか。

■ 언제 다 됩니까?
이쯔 데끼아가리마스까?
いつ できあがりますか。

■ 내일 아침 10시입니다.
아시따노 아사 쥬~지데고자이마스.
明日の 朝 10時でございます。

8 조식

■ 조식은 어디에서 먹습니까?

쵸~쇼꾸와 도꼬데 다베마스까?

朝食は どこで 食べますか。

■ 1층 식당입니다.

익까이노 쇼꾸도~데고자이마스.

１階の 食堂でございます。

■ 창가 쪽 테이블로 부탁합니다.

마도기와노 테~부루데 오네가이시마스.

窓ぎわの テーブルで お願いします。

■ 이쪽으로 오십시오.

고찌라에 도~조.

こちらへ どうぞ。

■ 무엇으로 드시겠습니까?

나니니 나사이마스까?

何に なさいますか。

■ 우유와 토스트 주세요.

규~뉴~또 토~스또 오네가이시마스.

牛乳と トースト お願いします。

9 트러블

■ 열쇠를 잃어버렸습니다.
가기오 나꾸시딴데스.
鍵を なくしたんです。

■ 냉방(난방)이 안 됩니다.
레~보~(단보~)가 기끼마셍.
冷房（暖房）が ききません。

■ 화장실 물이 안 내려가요.
토이레노 미즈가 나가레마셍.
トイレの 水が 流れません。

■ 온수가 안 나와요.
오유가 데마셍.
お湯が 出ません。

■ 비누(샴푸)가 없어요.
셋껭(샴뿌~)가 아리마셍.
せっけん（シャンプー）が ありません。

■ 옆방이 시끄러워요.
도나리노 헤야가 우루사이데스.
隣の部屋がうるさいです。

10 체크아웃

■ 체크아웃 하겠습니다. 여기 룸키입니다.
첵꾸아우또시마스. 고레 루~무키~데스.
チェックアウトします。これ ルームキーです。

■ 예, 여기 계산서입니다.
하이, 고찌라와 오까이께~데스.
はい、こちらは お会計です。

■ 이 청구 건을 설명해 주시겠습니까?
고노 세~뀨~노껜오 세쯔메~시떼 모라에마스까?
この 請求の件を 説明して もらえますか。

■ 냉장고의 음료를 이용하신 것입니다.
레~조~꼬노 노미모노오 리요~시따 모노데스.
冷蔵庫の 飲み物を 利用した ものです。

■ 서울로 거신 국제전화 비용입니다.
소우루니 가께따 곡사이뎅와노 료~낀데스.
ソウルに かけた 国際電話の 料金です。

■ 지불은 어떻게 하시겠습니까?
시하라이와 도노요~니 나사이마스까?
支払いは どのように なさいますか。

■ 현금으로 하겠습니다.
げんきんで しまず.
現金で します。

■ 이 카드로 지불하겠습니다.
고노 카~도데 시하라이마스.
この カードで 支払います。

■ 여행자수표로 지불해도 됩니까?
토라베라~즈첵꾸데 하랏떼모 이이데스까?
トラベラーズチェックで 払っても いいですか。

■ 영수증을 주세요.
료~슈~쇼~오 구다사이
領収証を ください。

■ 감사합니다. 여기 영수증입니다.
아리가또~고자이마시따. 고찌라 료~슈~쇼~데스.
ありがとうございました。こちら 領収証です。

■ 잘 지내다 갑니다.
오세와니 나리마시따.
お世話に なりました。

11 기타 표현

■ 더 싼 방은 없습니까?
  못또 야스이 헤야와 아리마셍까?
  もっと 安い 部屋は ありませんか。

■ 방에 열쇠를 둔 채 잊고 나왔습니다.
  헤야니 가기오 오끼와스레떼 데마시따.
  部屋に 鍵を 置き忘れて 出ました。

■ 텔레비전이 고장났습니다.
  테레비가 고쇼~시떼 이마스.
  テレビが 故障して います。

■ 방이 닫혀버렸습니다.
  헤야오 시메다사레떼 시마이마시따.
  部屋を 閉め出されて しまいました。

■ 제 앞으로 메시지가 와 있습니까?
  와따시아떼노 멧세~지가 기떼 이마스까?
  私宛の メッセージが きて いますか。

■ 택시를 불러 주시겠습니까?
  타꾸시~오 욘데 이따다께마셍까?
  タクシーを 呼んで いただけませんか。

■ 알겠습니다. 어디까지입니까?
　　가시꼬마리마시따. 도찌라마데데스까?
　　かしこまりました。どちらまでですか。

■ 무슨 우편물이 와 있지 않습니까?
　　나니까 유~빙와 기떼 이마셍까?
　　何か 郵便は きて いませんか。

■ 305호실에 이 메시지를 부탁합니다.
　　삼뱌꾸고고~시쯔에 고노뎅공오 오네가이시마스.
　　３０５号室へ この伝言を お願いします。

■ 여기에 귀중품을 맡길 수 있습니까?
　　고꼬니 기쵸~힝오 아즈께라레마스까?
　　ここに 貴重品を 預けられますか。

■ 내일까지 숙박을 연장하고 싶은데요.
　　아시따마데 슈꾸하꾸오 노바시따이노데스가.
　　明日まで 宿泊を 延ばしたいのですが。

■ 방을 두 시간 연장해서 빌리고 싶은데요.
　　헤야오 니지깡 엔쵸~시떼 가리따이노데스가.
　　部屋を ２時間 延長して 借りたいのですが。

12 상황별 주요 단어

숙박시설

호텔	호떼루	ホテル
비즈니스호텔	비지네스호떼루	ビジネスホテル
유스호스텔	유~스호스떼루	ユースホステル
여관	료깐	旅館(りょかん)
민박	민슈꾸	民宿(みんしゅく)

부대시설

사우나	사우나	サウナ
식당	쇼꾸도~	食堂(しょくどう)
수영장	푸~루	プール
커피숍	코~히~숍뿌	コーヒーショップ
마사지	맛사~지	マッサージ
노래방	가라오께	カラオケ
레스토랑	레스또랑	レストラン
스카이라운지	스까이라운지~	スカイラウンジー
바	바~	バー
프런트	후론또	フロント

서비스

룸서비스	루~무사~비스	ルームサービス
모닝콜	모~닝구코~루	モーニングコール
런더리서비스	란도리~사~비스	ランドリーサービス
룸클리닝	루~무쿠리~닝구	ルームクリーニング

기타

체크인	첵꾸인	チェックイン
체크아웃	첵꾸아우또	チェックアウト
숙박카드	슈꾸하꾸카~도	宿泊カード
열쇠	키~ / 가기	キー / 鍵
냉장고	레~조~꼬	冷蔵庫
욕조	오후로	お風呂
드라이어	헤아도라이야~	ヘアドライヤー
인터넷	인따~넷또	インターネット

7

- 관광 필수 표현
- 길묻기
- 길을 잃었을 때
- 단체 관광을 하고 싶을 때
- 관광지에서
- 가부키 관람
- 사진 찍기
- 기타 표현
- 상황별 주요 단어

현지 관광

※ 여행을 하면서 말을 가장 많이 하게 되는 상황이 길을 묻거나 관광지 내에서 이것저것 물어보는 것입니다.
어떻게 해야 가장 원하는 답을 얻을 수 있는지 여기에서 확인하세요.

1 관광 필수 표현

_____ 은 어디에 있나요?

_____ 와 도꼬데스까?
_____ は どこですか。

_____ 와 도꼬니 아리마스까?
_____ は どこに ありますか。

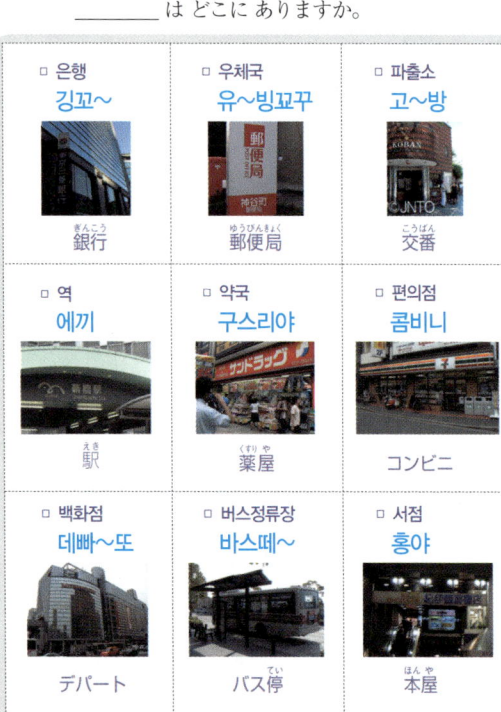

□ 은행 깅꼬~ 銀行(ぎんこう)	□ 우체국 유~빙꾜꾸 郵便局(ゆうびんきょく)	□ 파출소 고~방 交番(こうばん)
□ 역 에끼 駅(えき)	□ 약국 구스리야 薬屋(くすりや)	□ 편의점 콤비니 コンビニ
□ 백화점 데빠~또 デパート	□ 버스정류장 바스떼~ バス停(てい)	□ 서점 홍야 本屋(ほんや)

2 길 묻기

■ **여기는 어디입니까?**
고꼬와 도꼬데스까?
ここは どこですか。

■ **이 거리는 뭐라고 합니까?**
고노 도~리와 난또 이이마스까?
この 通りは 何と 言いますか。

■ **다케시타도리는 여기에서 가깝습니까?**
다께시따도~리와 고꼬까라 치까이데스까?
竹下通りは ここから 近いですか。

■ **걸어서 몇 분 정도 걸립니까?**
아루이떼 남뿐꾸라이 가까리마스까?
歩いて 何分くらい かかりますか。

■ **이 길은 가부키초로 가는 길입니까?**
고노 미찌와 가부끼쵸~에 이꾸 미찌데스까?
この 道は 歌舞伎町へ 行く 道ですか。

■ **국립미술관은 어디입니까?**
고꾸리쯔비쥬쯔깡와 도꼬데스까?
国立美術館は どこですか。

3 길을 잃었을 때

■ 여기가 요요기공원입니까?
고꼬가 요요기꼬~엔데스까?
ここが 代々木公園ですか。

■ 아니오. 여기는 신주쿠중앙공원인데요.
이이에. 고꼬와 신쥬꾸츄~오~꼬~엔데스께도.
いいえ。ここは 新宿中央公園ですけど。

■ 어떻게 하죠? 길을 잃었습니다.
도~시마쇼? 미찌니 마요이마시따.
どうしましょう。道に 迷いました。

■ 어떻게 가야 합니까?
도~얏떼 이께바 이이데스까?
どうやって 行けば いいですか。

■ 전철을 타고 모리노미야역에서 내리면 됩니다.
덴샤니 놋떼, 모리노미야에끼데 오리레바 이이데스.
電車に 乗って、森ノ宮駅で 降りれば いいです。

■ 아, 다행입니다. 감사합니다.
아, 다스까리마시따. 아리가또~고자이마시따.
あ、助かりました。ありがとうございました。

어려울 때 척척 도와주는 일본의 파출소

고반 交番

고반交番 ; KOBAN은 우리나라의 파출소나 지구대에 해당하는 경찰 시설입니다.

주요 목적은 지역 주민들을 위한 치안과 질서 유지, 타지인이나 관광객의 길안내, 주변의 교통 정리, 순찰 등입니다.

주로 번화가나 역 주변에 위치해 있어 쉽게 찾을 수 있지만 일본어로만 안내를 하는 곳이 많습니다. 경우에 따라서는 한국어 팜플릿이나 지도를 가지고 있는 경우도 있으니, 급한 상황에서는 이용하는 것도 좋습니다.

©JNTO

한국의 파출소나 지구대는 대개 비슷한 형태이지만 고반은 지역에 따라 다양한 형태를 하고 있습니다. 대체로 주변 경관과 잘 어울리면서도 아기자기한 모습을 하고 있고, 별난 모양을 하고 있는 곳도 많습니다.

원칙적으로는 경찰관이 24시간 상주해 있어야 하지만 일부 지역에서는 시간제로 있거나 경찰관이 없이 화상전화를 둔 무인 고반도 운영되고 있습니다.

4 단체관광을 하고 싶을 때

■ 시내 단체관광에 참가하고 싶은데요.
시나이노 단따이깡꼬~니 상까시따인데스가.
市内の 団体観光に 参加したいんですが。

■ 어떤 일정이 있습니까?
돈나 닛떼~가 아리마스까?
どんな 日程が ありますか。

■ 추천 관광 코스가 있습니까?
오스스메노 강꼬~코~스가 아리마스까?
お勧めの 観光コースが ありますか。

■ 한나절 관광과 하루 관광이 있습니다만.
한니찌깡꼬~도 이찌니찌깡꼬~가 아리마스가.
半日観光と 一日観光が ありますが。

■ 하루 관광의 일정은 어떻습니까?
이찌니찌깡꼬~노 닛떼~와 도~데스까?
一日観光の 日程は どうですか。

■ 다른 일정은 없습니까?
호까노 닛떼~와 아리마셍까?
他の 日程は ありませんか。

■ 한 사람당 얼마입니까?
  히또리아따리 이꾸라데스까?
  一人当たり いくらですか。

■ 어디에서 출발합니까?
  도꼬데 슙빠쯔시마스까?
  どこで 出発しますか。

■ 아침 7시에 호텔 앞에서 출발합니다.
  아사 시찌지니 호떼루노 마에까라 슙빠쯔시마스.
  朝 7時に ホテルの 前から 出発します。

■ 단체할인은 있나요?
  단따이와리비끼와 아리마스까?
  団体割引は ありますか。

■ 투어는 몇 시간 정도 걸립니까?
  쯔아~와 난지깡구라이 가까리마스까?
  ツアーは 何時間ぐらい かかりますか。

■ 여기서 등록이 가능합니까?
  고꼬데 도~로꾸데끼마스까?
  ここで 登録できますか。

5 관광지에서

■ 입장권은 어디에서 팝니까?
　뉴~죠~껭와 도꼬데 웃떼 이마스까?
　入場券は どこで 売って いますか。

■ 입장료는 얼마입니까?
　뉴~죠~료~와 이꾸라데스까?
　入場料は いくらですか。

■ 한국어로 된 팸플릿을 얻을 수 있습니까?
　강꼬꾸고노 판후렛또오 모라에마스까?
　韓国語の パンフレットを もらえますか。

■ 어른 두 장과 어린이 한 장 주세요.
　오또나 니마이또 고도모 이찌마이 구다사이.
　大人 2枚と 子供 1枚 ください。

■ 여기에서 유명한 것은 무엇입니까?
　고꼬데 유~메~나노와 난데스까?
　ここで 有名なのは 何ですか。

■ 이 공원에 대해 설명해 주시겠습니까?
　고노꼬~엔니 쯔이떼 세쯔메~시떼 이따다께마스까?
　この公園に ついて 説明して いただけますか。

6 가부키 관람

■ 가부키를 보고 싶은데요.
　　가부끼오 미따이데스께도.
　　歌舞伎を 見たいですけど。

■ 가부키는 어디에서 볼 수 있습니까?
　　가부끼와 도꼬데 미라레마스까?
　　歌舞伎は どこで 見られますか。

■ 긴자의 가부키좌에 가면 볼 수 있습니다.
　　긴자노 가부끼자니 이께바 미라레마스.
　　銀座の 歌舞伎座に 行けば 見られます。

■ 공연 시작은 몇 시입니까?
　　가이엥와 난지데스까?
　　開演は 何時ですか。

■ 이 좌석까지 안내해 주시겠습니까?
　　고노 자세끼마데 안나이시떼 이따다께마스까?
　　この 座席まで 案内して いただけますか。

■ 저 배우의 이름은 무엇입니까?
　　아노 하이유~노 나마에와 난데스까?
　　あの 俳優の 名前は 何ですか。

7 사진 찍기

■ 저어, 잠시 실례하겠습니다.
　　아노~, 춋또 시쯔레~시마스.
　あのう、ちょっと 失礼します。

■ 셔터를 눌러 주시겠습니까?
　　샷따~오 오시떼 모라에마셍까?
　シャッターを 押して もらえませんか。

■ 셔터를 누르기만 하면 됩니다.
　　샷따~오 오스다께데 이이데스.
　シャッターを 押すだけで いいです。

■ 함께 사진을 찍어도 됩니까?
　　잇쇼니 샤싱오 톳떼모 이이데스까?
　一緒に 写真を 撮っても いいですか。

■ 한 장 더 부탁합니다.
　　모~ 이찌마이 오네가이시마스.
　もう 1枚 お願いします。

■ 여기에서 사진을 찍어도 됩니까?
　　고꼬데 샤싱오 톳떼모 이이데스까?
　ここで 写真を 撮っても いいですか。

■ 상반신만 찍어주세요.

죠~한신다께 톳떼 구다사이.

上半身だけ 撮って ください。

■ 저 박물관을 배경에 넣어주세요.

아노 하꾸부쯔깡오 하이께~니 이레떼 구다사이.

あの 博物館を 背景に 入れて ください。

■ 여기는 촬영금지입니다.

고꼬와 사쯔에~ 긴시데스.

ここは 撮影 禁止です。

■ 디카용 건전지는 어디에서 살 수 있습니까?

데지카메요~노 간덴찌와 도꼬데 가에마스까?

デジカメ用の 乾電池は どこで 買えますか。

■ 어디에서 필름을 삽니까?

도꼬데 휘루무오 가에마스까?

どこで フィルムを 買えますか。

■ 한 장씩 현상해 주세요

이찌마이즈쯔 겐조~시떼 구다사이.

1枚ずつ 現像して ください。

알고 갑시다

매력적인 도쿄의 주요 관광지

1 신주쿠 新宿

©Y.Shimizu/JNTO

도쿄의 여러 번화가 중에서도 가장 중심이 되는 지역입니다. 도쿄의 상징인 도쿄도청을 비롯해 각종 쇼핑센터와 오피스거리 등이 집중되어 있습니다. 신주쿠역은 7개의 철도 노선과 무수한 버스 노선이 겹쳐 도쿄 교통의 중심 역할을 하고 있습니다.

2 시부야 渋谷

신주쿠, 이케부쿠로池袋와 함께 도쿄를 대표하는 번화가입니다. 시부야역을 중심으로 세이부西武와 도큐東急 등의 백화점과 각종 상업시설들이 빼곡하게 들어차 있으며, 시부야역 앞의 '충견 하치忠犬ハチ公' 동상은 약속 장소로 유명합니다.

©Y.Shimizu/JNTO

3 이케부쿠로 池袋

도쿄 서부와 사이타마埼玉 지역에 거주하는 직장인들을 중심으로 하루에 100만 명 이상의 인구가 몰려든다고 합니다. 신주쿠나 시부야와 마찬가지로 역을 중심으로 여러 백화점과 쇼핑몰 등이 위치해 있습니다. 역 동쪽에 위치한 높이 240미터에 이르는 초고층 건물 선샤인 60サンシャイン6０ろくじゅう이 유명합니다.

4 하라주쿠 原宿

일본 신세대의 최신 트렌드를 읽을 수 있는 다케시타도리竹下通り로 유명합니다. 신세대의 취향에 맞춘 독특한 브랜드가 눈길을 사로잡으며, 주변에는 고급 부띠끄들이 많은 오모테산도表参道와 고즈넉한 분위기의 메이지진구明治神宮도 함께 있습니다.

5 아키하바라 秋葉原

일반적으로 아키바あきば라고도 불리는 아키하바라는 우리나라의 용산전자상가에 해당하는 대규모 전자상가입니다.
최근에는 컴퓨터와 애니메이션, 만화를 취급하는 가게도 늘어나면서 오타쿠オタク의 메카로 자리잡고 있습니다.

6 아사쿠사 浅草

센소지浅草寺를 중심으로 옛날 서민들의 향취를 느낄 수 있는 상가 나카미세仲見世, 커다란 등燈이 달려 있는 가미나리몬雷門으로 유명합니다. 주변을 흐르는 강 스미다가와隅田川에서는 매년 여름에 일본을 대표하는 불꽃놀이가 열리고 있습니다.

©JNTO

7 긴자 銀座

오래된 전통의 노점들과 세련된 패션, 문화를 느낄 수 있는 긴자는 해외 고급 브랜드와 극장, 영화관, 가부키좌 등 다양한 문화시설을 즐기기에 좋습니다.

©JNTO

8 기타 표현

■ 한국어 가이드가 있는 투어도 있습니까?

강꼬꾸고노가이도가 쯔꾸 쯔아~모 아리마스까?

韓国語の ガイドが つく ツアーも ありますか。

■ 한국어 안내도 합니까?

강꼬꾸고데노 안나이모 시마스까?

韓国語での 案内も しますか。

■ 어떤 관광 코스가 있습니까?

돈나 강꼬~코~스가 아리마스까?

どんな 観光コースが ありますか。

■ 휴관일은 언제입니까?

규~깜비와 난요~비데스까?

休館日は 何曜日ですか。

■ 이 절은 언제 만들어졌습니까?

고도 오떼라와 이쯔 쯔꾸라레마시따까?

この お寺は いつ 作られましたか。

■ 기념품은 어디에서 팝니까?

기넹힝와 도꼬데 웃떼 이마스까?

記念品は どこで 売って いますか。

■ 여기서 얼마나 걸립니까?
  고꼬까라 도레꾸라이 가까리마스까?
  ここから どれくらい かかりますか。

■ 여기에서 유명한 온천은 어디입니까?
  고꼬데 유~메~나 온센와 도꼬데스까?
  ここで 有名な 温泉は どこですか。

■ 이곳의 명소를 소개해 주십시오.
  고꼬노 메~쇼오 쇼~까이시떼 구다사이.
  ここの 名所を 紹介して ください。

■ 이곳은 처음입니다.
  고꼬와 하지메떼데스.
  ここは 始めてです。

■ 이 근처에 체험할 수 있는 곳이 있습니까?
  고노 치까꾸니 다이켕가 데끼루 도꼬로와 아리마스까?
  この近くに 体験が できる 所は ありますか。

■ 여기에 자전거를 빌려주는 곳이 있습니까?
  고꼬니 렌따루사이꾸루와 아리마스까?
  ここに レンタルサイクルは ありますか。

9 상황별 주요 단어

길문기

여기	고꼬	ここ
거기	소꼬	そこ
저기	아소꼬	あそこ
어디	도꼬	どこ

도쿄 지명

신주쿠	신쥬꾸	新宿
시부야	시부야	渋谷
하라주쿠	하라쥬꾸	原宿
이케부쿠로	이께부꾸로	池袋
오다이바	오다이바	お台場
아키하바라	아끼하바라	秋葉原
긴자	긴자	銀座
도쿄역	도~꾜~에끼	東京駅
황궁	고~꾜	皇居
록폰기	롭뽕기	六本木

관광지

절	오떼라	お寺
신사	진쟈	神社
박물관	하꾸부쯔깐	博物館
미술관	비쥬쯔깐	美術館
공원	고~엔	公園

사진

셔터	샷따~	シャッター
디지털카메라	데지까메	デジカメ
상반신	죠~한신	上半身
전신	젠신	全身
건전지	간덴찌	乾電池
필름	휘루무	フィルム

기타

츠타야	쯔따야	TSUTAYA (ツタヤ)
만다라케	만다라께	まんだらけ
도쿄도청	도~꾜~도쵸~	東京都庁
록폰기힐즈	롭뽕기히루즈	六本木ヒルズ
도쿄돔	도~꾜~도~무	東京ドーム

쇼핑 필수 표현
상점 찾기
백화점
의류 매장
전자상가
가격 흥정
교환 · 반품
기타 표현
상황별 주요 단어

쇼핑 즐기기

여행에서 빼놓을 수 없는 것이 바로 쇼핑입니다. 일부 사람들은 쇼핑을 목적으로 여행에 나서기도 하는데요. 원하는 물건을 사기 위해서는 어떻게 말해야 하는지 확인하세요.

알고 갑시다

보기만 해도 즐거운 도쿄의 숍 & 쇼핑 거리

1 오모테산도힐즈 表参道ヒルズ

©JNTO

명품 매장들로 가득한 고급 쇼핑몰입니다. 건물 중앙이 뻥 뚫린 독특한 구조를 하여 건물 자체만으로도 볼거리를 제공합니다. 세계적인 명품 브랜드들은 거의 모두 입점해 있으며, 건물 주변에도 여러 명품 매장들이 모여 있어 윈도쇼핑만으로도 눈이 즐겁습니다.

2 랭킹랭퀸 ランキンランキン ; ranking ranqueen

일본의 최신 유행 상품을 분야별로 순위를 매겨 판매하는 이색적인 상점. 음반, 서적, 식품, 음료, 잡화 외에 우리나라 때밀이타월까지 있을 정도로 없는 것이 없습니다. 신주쿠와 시부야, 이케부쿠로 등 12개 지역에서 운영되고 있습니다.

3 기노쿠니야서점 紀伊國屋書店

우리나라의 교보문고와 같은 대형 서점입니다. 실용서에서부터 예술서적, 전문서적, 외서 등 100만 권 이상의 책을 구비하고 있으며, 신주쿠점에서는 애니메이션과 신작 DVD, 음반 등을 판매하는 매장을 따로 운영하고 있습니다.

4 다케시타도리 竹下通り

주로 10대 후반~20대 초반의 신세대들이 많이 찾는 의류와 액세서리, 소품 등이 자리 잡고 있습니다. 골목골목 비틀즈나 엘비스 프레슬리, 스누피와 콜라 등 재미있는 주제의 상점이 많아 눈요기하기에도 좋고 저렴한 실속 쇼핑도 할 수 있습니다.

5 시부야 이치마루큐 SHIBUYA 109

우리나라의 동대문이나 명동에 있는 대형 의류 매장과 비슷하지만, 가격은 약간 비싼 편입니다. 주로 젊은 10대~20대의 젊은 여성들이 중저가 의류를 쇼핑하는 장소입니다. '마루큐 マルキュー'라는 애칭으로 불리기도 합니다.

©Y.Shimizu/JNTO

6 시모키타자와 下北沢

다케시타도리보다는 규모가 작지만 세련되고 멋진 빈티지를 원하는 분들에게 안성맞춤입니다. 주변에 대학교가 많은 영향으로 20대를 겨냥한 아이템이 많으며, 아기자기한 디자인숍이 눈을 즐겁게 해줍니다.

1 쇼핑 필수 표현

_____ 을 보여 주세요.

_____ 오 미세떼 구다사이.
_____ を 見せて ください。

□ 디지털 카메라 데지따루 카메라 デジタルカメラ	□ 노트북 노~또 파소꽁 ノートパソコン	□ DVD 디~브이디~ ディーブイディー
□ 시계 도께이 時計	□ 선글라스 상그라스 サングラス	□ 휴대전화줄 스또랍뿌 ストラップ
□ 지갑 사이후 財布	□ 가방 가방 鞄	□ 화장품 게쇼~힝 化粧品

_____은 얼마입니까?

_____와 이꾸라데스까?
_____ は いくらですか。

셔츠 샤쯔 シャツ	점퍼 잠바~ ジャンバー	청바지 지~ㄴ즈 ジーンズ
스니커즈 스니~까~ スニーカー	스커트 스까~또 スカート	바지 즈봉 ズボン
스타킹 스똑킹구 ストッキング	반바지 한즈봉 半(はん)ズボン	모자 보~시 帽子(ぼうし)

2 상점 찾기

■ 저어, 잠시 실례하겠습니다.
   아노~, 촛또 시쯔레~시마스.
   あのう、ちょっと 失礼します。

■ 백화점은 어디에 있습니까?
   데빠~또와 도꼬니 아리마스까?
   デパートは どこに ありますか。

■ 아키하바라에는 어떻게 가야 합니까?
   아끼하바라니와 도~ 이께바 이이데스까?
   秋葉原には どう 行けば いいですか。

■ 이 가게는 어디 있을까요?
   고노 미세와 도꼬니 아루데쇼~까?
   この 店は どこに あるでしょうか。

■ 이 근처에 100엔숍이 있습니까?
   고노 치까꾸니 햐꾸엔숍뿌가 아리마스까?
   この 近くに 100円ショップが ありますか。

■ 쇼핑몰을 찾고 있는데요.
   숍삥구모~루오 사가시떼 이마스가.
   ショッピングモールを 探して いますが。

■ 전자상가는 어디에 있습니까?
　덴끼가이와 도꼬니 아리마스까?
　電気街は どこに ありますか。

■ 화장품은 어디에서 싸게 살 수 있나요?
　게쇼~힝와 도꼬데 야스꾸 가에마스까?
　化粧品は どこで 安く 買えますか。

■ 술을 살 수 있는 곳은 어디인가요?
　오사께가 가에루 도꼬로와 도꼬데스까?
　お酒が 買える 所は どこですか。

■ 서점은 어디에 있습니까?
　홍야와 도꼬니 아리마스까?
　本屋は どこに ありますか。

■ 구제는 어디에서 살 수 있습니까?
　후루기와 도꼬데 가에마스까?
　古着は どこで 買えますか。

■ 중고 CD를 파는 곳도 있나요?
　츄~꼬 씨~디~오 함바이스루 도꼬로모 아리마스까?
　中古 CDを 販売する 所も ありますか。

3 백화점

■ 무엇을 찾고 계십니까?
   나니오 오사가시데쇼~까?
   何を お探しでしょうか。

■ 친구한테 줄 선물을 사고 싶은데요.
   도모다찌에노 오미야게오 가이따인데스가.
   友達への お土産を 買いたいんですが。

■ 화장품을 보여 주세요.
   게쇼~힝오 미세떼 구다사이.
   化粧品を 見せて ください。

■ 향수 3개 주세요.
   고~스이 밋쯔 구다사이.
   香水 みっつ ください。

■ 소비세 포함입니까?
   쇼~히제~꼬미데스까?
   消費税込みですか。

■ 예. 여기 영수증과 거스름돈입니다.
   하이. 고찌라 료~슈~쇼~또 오쯔리데스.
   はい。こちら 領収証と おつりです。

■ 푸드코트는 몇 층입니까?
   후~도코~또와 난가이데스까?
   フードコートは 何階ですか。

■ 신발 매장은 어디에 있습니까?
   구쯔노 우리바와 도꼬니 아리마스까?
   靴の 売り場は どこに ありますか。

■ 화장실은 어디에 있습니까?
   토이레와 도꼬데스까?
   トイレは どこですか。

■ 면세품은 어디에서 구입할 수 있습니까?
   멘제~힝와 도꼬데 고~뉴~데끼마스까?
   免税品は どこで 購入できますか。

■ 따로 따로 포장해 주시겠습니까?
   베쯔베쯔니 호~소~시떼 이따다께마스까?
   別々に 包装して いただけますか。

■ 네, 알겠습니다. (종업원이 손님에게)
   하이, 가시꼬마리마시따.
   はい、かしこまりました。

4 의류 매장

■ 요즘 유행하는 것은 뭔가요?

　　사이낑 하얏떼 이루 모노와 난데스까?
　　最近、流行って いる 物は 何ですか。

■ 입어 봐도 됩니까?

　　시쨔꾸시떼 미떼모 이이데스까?
　　試着して みても いいですか。

■ M사이즈를 보여 주세요.

　　에무사이즈오 미세떼 구다사이.
　　Mサイズを 見せて ください。

■ 다른 스타일의 것을 보여 주세요.

　　치가우 스타이루노 모노오 미세떼 구다사이.
　　違う スタイルの 物を 見せて ください。

■ 다른 색은 없습니까?

　　이로찌가이와 아리마셍까?
　　色違いは ありませんか。

■ 좀 끼이네요.

　　촛또 기쯔이데스네.
　　ちょっと きついですね。

■ **더 큰 사이즈는 없습니까?**
   못또 오~끼이 사이즈와 아리마셍까?
   もっと 大きい サイズは ありませんか。

■ **이 점퍼는 진짜 가죽입니까?**
   고노 쟈켓또와 혼모노노 가와데스까?
   この ジャケットは 本物の 皮ですか。

■ **저한테 어울립니까?**
   와따시니 니아이마스까?
   私に 似合いますか。

■ **체크무늬는 없습니까?**
   첵꾸가라와 아리마셍까?
   チェック柄は ありませんか。

■ **민소매를 보여주세요.**
   소데나시오 미세떼 구다사이.
   袖なしを 見せて ください。

■ **카드도 되나요?**
   카~도모 쯔까에마스까?
   カードも 使えますか。

5 전자상가

■ 어서 오세요.
  이랏샤이마세.
  いらっしゃいませ。

■ 뭘 찾으십니까?
  나니오 오사가시데스까?
  何を お探しですか。

■ 디지털 카메라는 어느 쪽입니까?
  데지따루카메라와 도찌라데스까?
  デジタルカメラは どちらですか。

■ 성능이 더 좋은 것은 없습니까?
  못또 세~노~노 이이모노와 아리마셍까?
  もっと 性能の いいものは ありませんか。

■ 이것이 최신 모델입니다.
  고레가 사이신노 모데루데스.
  これが 最新の モデルです。

■ 사용법을 알려 주세요.
  쯔까이까따오 오시에떼 구다사이.
  使い方を 教えて ください。

- **두 개의 차이는 무엇입니까?**
  후따쯔노 치가이와 난데스까?
  二つの 違いは 何ですか。

- **쓰기 편한 것은 어떤 상품입니까?**
  쯔까이야스이노와 돈나 쇼~힝데스까?
  使いやすいのは どんな 商品ですか。

- **한국에서도 사용할 수 있습니까?**
  강꼬꾸데모 쯔까에마스까?
  韓国でも 使えますか。

- **한국어로도 됩니까?**
  강꼬꾸고데모 다이오~시마스까?
  韓国語でも 対応しますか。

- **기능이 더 간단한 것은 없습니까?**
  못또 기노~가 간딴나 모노와 아리마셍까?
  もっと 機能が 簡単な ものは ありませんか。

- **1만 엔 이하의 물건은 어느 쪽입니까?**
  이찌망엥 이까노 모노와 도찌라데스까?
  1万円 以下の 物は どちらですか。

전자제품의 메카

요도바시 카메라 淀橋カメラ와 빅카메라 ビックカメラ

디지털과 가전제품의 천국인 일본은 어느 동네에나 전자제품 양판점이 있을 정도입니다. 그 중에서 특히 유명한 것이 요도바시카메라 淀橋カメラ와 빅카메라 ビックカメラ인데, 이름에 카메라가 있어서 카메라만을 취급하는 것처럼 보이지만 실제로는 거의 모든 카메라와 가전, 컴퓨터, 오디오기기, 게임 등 온갖 디지털 기기를 취급하고 있습니다.

특히 도쿄나 오사카 등 대도시에 위치한 점포들은 대부분 우리나라에 아직 들어오지 않은 최신형의 제품들을 보유하고 있는 경우도 많고, 카메라의 경우 다양한 렌즈를 현장에서 직접 끼워 시연해 볼 수도 있어 소비자의 구매욕을 자극하고 있습니다.

대부분의 매장에서 신청서를 작성하면 바로 포인트 카드를 발급해 주고 있어 제품을 구입하기 전에 만들어 두면 10%~20% 정도의 할인 혜택을 받을 수도 있습니다.

©Japan Convention Service, inc/JNTO

6 가격 흥정

■ 좀 비싸군요.
촛또 다까이데스네.
ちょっと 高いですね。

■ 좀 싸게 해 주시겠습니까?
촛또 야스꾸시떼 이따다께마셍까?
ちょっと 安くして いただけませんか。

■ 2,000엔으로 해 주실 수 없겠습니까?
니셍엔니 시떼 이따다께마셍까?
2千円に して いただけませんか。

■ 그건 조금 어려운데요.
소레와 촛또 무즈까시이데스네.
それは ちょっと むずかしいですね。

■ 다음에 또 올 테니까요.
곤도 마따 기마스노데.
今度 また 来ますので。

■ 할 수 없군요. (깎아 주겠다는 뜻)
쇼~가나이데스네.
しょうがないですね。

7 교환·반품

■ 이것 바꿔 주시겠습니까?
　　고레 고~깐시떼 이따다께마셍까?
　　これ、交換して いただけませんか。

■ 왜 그러십니까?
　　도~까 나사이마시따까?
　　どうか なさいましたか。

■ 여기 솔기가 좋지 않아서요.
　　고꼬노 누이메가 요꾸 아리마셍.
　　ここの 縫い目が よく ありません。

■ 그 옷과 영수증을 보여 주십시오.
　　소노 후꾸또 료~슈~쇼~오 미세떼 구다사이.
　　その 服と 領収証を 見せて ください。

■ 지금, 같은 사이즈가 떨어졌는데요.
　　이마, 오나지 사이즈오 기라시떼 오리마스가.
　　今、同じ サイズを 切らして おりますが。

■ 그런가요? 그럼, 반품해 주세요.
　　소~데스까. 쟈, 헴삥시떼 구다사이.
　　そうですか。じゃ、返品して ください。

8 기타 표현

■ 매번 찾아주셔서 감사합니다.
　　마이도 아리가또~고자이마스.
　　毎度 ありがとう ございます。

■ ○○매장은 어디입니까?
　　○○우리바와 도꼬데스까?
　　○○売り場は どこですか。

■ ○○을 사고 싶은데요.
　　○○오 가이따인데스가.
　　○○を 買いたいんですが。

■ 잠깐 구경하는 것뿐입니다.
　　촛또 미루다께데스.
　　ちょっと 見るだけです。

■ 전부 합해서 얼마입니까?
　　젬부데 이꾸라데스까?
　　全部で いくらですか。

■ 아직 거스름돈을 받지 않았습니다.
　　마다 오쯔리오 모랏떼 이마셍.
　　まだ おつりを もらって いません。

9 상황별 주요 단어

의류

바지	즈봉	ズボン
치마	스까~또	スカート
셔츠	샤쯔	シャツ
블라우스	부라우스	ブラウス
코트	코~또	コート
가죽점퍼	가와장	革ジャン
청바지	지~ㄴ즈	ジーンズ
반바지	한즈봉	半ズボン

전자제품

컴퓨터	파소꽁	パソコン
디지털카메라	데지따루카메라	デジタルカメラ
mp3플레이어	에무삐스리~뿌레~야~	mp3プレーヤー
iPod	아이폿도	アイポッド
캠코더	한디~ 카메라	ハンディー・カメラ
전기 면도기	셰이바~	シェイバー
이어폰	이아혼	イアホン
헤드폰	헷도혼	ヘッドホン
충전기	쥬~뎅끼	充電器
전압	뎅아쯔	電圧

게임기

PS	뿌레~스떼~숀	プレイステーション
X-box	엑꾸스복꾸스	エックスボックス
Nintendo DS	닌뗀도~디~에스	ニンテンドーディーエス
GAMECUBE	게~무큐~부	ゲームキューブ

화장품

스킨	스낀	スキン
로션	로~숀	ローション
크림	쿠리~무	クリーム
선크림	히야께도메	日焼け止め
클렌징 폼	쿠렌징구 호~무	クレンジング・フォーム
메이크업베이스	메~깝뿌베~스	メーキャップベース
파운데이션	환데~숀	ファンデーション
마스카라	마스까라	マスカラ
립스틱	구찌베니	口紅
분	오시로이	おしろい
향수	고~스이	香水
매니큐어	마니큐아	マニキュア
눈썹가위	마유게캇또하사미	眉毛カットはさみ
화장솜	게쇼~콧똔	化粧コットン

공공시설 필수 표현

전화

수신자부담 전화

우체국

은행

병원·약국

인터넷

상황별 주요 단어

공공시설 이용

※ 여행을 하다 보면 한국으로 전화를 한다거나 짐을 부치거나 은행에서 현금을 찾는 등 의외로 일본어를 사용해야 할 상황이 생기게 됩니다.

1 공공시설 필수 표현

■ 수신자부담으로 한국 서울로
　　코레꾸또코~루데 강꼬꾸노 소우루니
　　コレクトコールで 韓国の ソウルに

■ 국제전화를 부탁합니다.
　　곡사이뎅와오 오네가이시마스.
　　国際電話を お願いします。

■ 은행을 찾고 있는데요.
　　깅꼬~오 사가시떼 이룬데스가.
　　銀行を 探して いるんですが。

■ 이 근처에 병원이 있습니까?
　　고노 치까꾸니 뵤~잉가 아리마스까?
　　この 近くに 病院が ありますか。

■ 배가 아픕니다.
　　오나까가 이따이데스.
　　おなかが 痛いです。

■ 설사가 심합니다.
　　게리가 히도이노데스.
　　げりが ひどいのです。

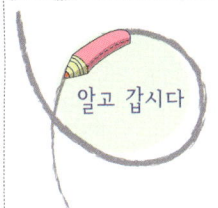

일본에서 전화하기

1 공중전화 이용하기

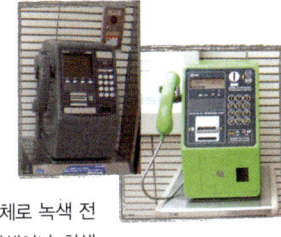

일본도 우리나라와 마찬가지로 동전과 카드를 이용해서 전화를 걸 수 있습니다. 전화 카드의 경우에는 국내 전용과 국제용이 있으니 주의하셔야 합니다. 대체로 녹색 전화기가 국내 전용이고, 주황색이나 회색 전화기는 국제전화를 사용할 수 있습니다.

국제전화를 오래 해야 한다면 카드를 사는 것이 유리하지만 그렇지 않다면 100엔 동전을 이용하는 것이 좋습니다. 다만 카드를 이용할 때는 뒷면의 스크래치를 긁으면 나오는 번호를 입력해야 하는 번거로움이 있습니다. 천 엔짜리 카드의 경우 대략 10분 정도 통화를 할 수 있습니다.

공중전화 거는 방법

통신사번호 국가번호 지역번호 전화번호
001-010-82-2-123-4567

카드를 구입하기 힘들거나 동전이 없다면 수신자부담 전화를 이용할 수 있습니다. KT(0034-811-082)나 데이콤(00539-822, 0066-77-822)의 번호를 누른 후 안내방송이 나오면 0과 #을 누르고 한국인 교환원에게 전화번호를 말하면 연결해 줍니다.

전화를 할 때는 기본적으로 10엔이나 100엔 동전을 넣고 해야 하며, 이 동전은 전화를 끊으면 반환해 줍니다.

2 전화

■ 전화카드 3,000엔짜리를 주세요.
　테레혼카~도, 산젱엔노오 구다사이.
　テレフォンカード、3千円のを ください。

■ 공중전화는 어디 있습니까?
　고~슈~뎅와와 도꼬데쇼~까?
　公衆電話は どこでしょうか。

■ 여보세요, 기무라 씨 댁입니까?
　모시모시, 기무라상노 오따꾸데쇼~까?
　もしもし、木村さんの お宅でしょうか。

■ 한국에서 온 김이라고 합니다.
　강꼬꾸까라 기따 기무또 모~시마스.
　韓国から 来た 金と 申します。

■ 다무라 씨 계십니까?
　다무라상 이랏샤이마스까?
　田村さん いらっしゃいますか。

■ 아, 다무라 씨세요. 오랜만입니다
　아, 다무라산데스까? 오히사시부리데스.
　あ、田村さんですか。お久しぶりです。

■ 1주일 예정으로 왔습니다.

잇슈~깐노 요떼~데 기떼 이마스.
１週間の 予定で 来て います。

■ 기무라는 자리에 없습니다만.

기무라와 세끼오 하즈시떼 오리마스가.
木村は 席を はずして おりますが。

■ 메모를 남기고 싶은데요.

메모오 노꼬시따인데스가.
メモを 残したいんですが。

■ 오늘 10시 넘어 일본호텔 303호실로

교~ 쥬~지스기니 니혼호떼루노 삼뱌꾸상고~시쯔니
今日 10時過ぎに 日本ホテルの ３０３号室に

■ 전화 부탁한다고 전해 주십시오.

뎅와오 구다사루요~ 오쯔따에 구다사이.
電話を くださるよう お伝えください。

■ 호텔의 전화번호는 123-1234입니다.

호테루노 뎅와방고~와 이찌니산노 이찌니상욘데스.
ホテルの 電話番号は 123-1234です。

3 수신자부담 전화

■ 수신자부담 전화는 어떻게 합니까?

코레꾸또코~루노 뎅와와 도노요~니 시마스까?

コレクトコールの 電話は どのように しますか。

■ 교환입니다.

고~깐데스.

交換です。

■ 전화번호를 말씀해 주십시오.

뎅와방고~오 옷샷떼 구다사이.

電話番号を おっしゃって ください。

■ 567-8801입니다.

고~로꾸나나노 하찌하찌제로이찌데스.

５６７－８８０１です。

■ 기다리세요.

오마찌 구다사이.

お待ちください。

■ 말씀하세요.

오하나시구다사이.

お話しください。

4 우체국

■ 우체국은 어디에 있습니까?
　유~빙꾜꾸와 도꼬니 아리마스까?
　郵便局は どこに ありますか。

■ 등기를 보내는 창구는 몇 번입니까?
　가끼또메오 오꾸루 마도구찌와 남반데스까?
　書留を 送る 窓口は 何番ですか。

■ 우표를 파는 창구는 몇 번입니까?
　깃떼오 우루 마도구찌와 남반데스까?
　切手を 売る 窓口は 何番ですか。

■ 항공우편으로 부탁합니다.
　고~꾸~빈데 오네가이시마스.
　航空便で お願いします。

■ 내용물은 무엇입니까?
　나까미와 난데스까?
　中身は 何ですか。

■ 서류입니다.
　쇼루이데스.
　書類です。

5 은행

■ 은행을 찾고 있는데요.

긴꼬~오 사가시떼 이룬데스가.

銀行を 探して いるんですが。

■ 여기에서 환전할 수 있습니까?

고꼬데 료~가에 데끼마스까?

ここで 両替 できますか。

■ 달러를 엔으로 바꾸고 싶은데요.

도루오 엔니 가에떼 이따다께마스까?

ドルを 円に 替えて いただけますか。

■ 여권을 보여주시겠습니까?

파스뽀~또오 미세떼 이따다께마스까?

パスポートを 見せて いただけますか。

■ 잔돈을 섞어서 주세요.

고제니오 마제떼 구다사이.

小銭を まぜて ください。

■ 이 서류에 기입해 주세요.

고노 쇼루이니 기뉴~시떼 구다사이.

この 書類に 記入して ください。

6 병원·약국

■ 이 근처에 병원이 있습니까?
고노 치까꾸니 뵤~잉가 아리마스까?
この 近くに 病院が ありますか。

■ 구급차를 불러 주세요.
규~뀨~샤오 욘데 구다사이.
救急車を 呼んで ください。

■ 외과는 몇 층입니까?
게까와 낭가이데스까?
外科は 何階ですか。

■ 배가 아픕니다.
오나까가 이따이데스.
おなかが 痛いです。

■ 설사가 심합니다.
게리가 히도이노데스.
げりが ひどいのです。

■ 이 처방전을 가지고 약국에 가세요.
고노 쇼호~셍오 못떼 약꾜꾸니 잇떼 구다사이.
この 処方箋を 持って 薬局に 行って ください。

알고 갑시다

ATM기 이용하기

일본의 은행은 우리나라보다 영업시간이 1시간이 짧은 3시에 종료가 됩니다. 여행을 하면서 자주 이용할 일은 없지만, 현금서비스를 받거나 환전을 해야 할 경우 은행을 찾거나 ATM기를 이용해야 합니다. 일본에서 ATM기를 이용해 신용카드의 현금서비스를 받기 위해서는 비자나 마스터카드 등 해외에서도 사용할 수 있는 카드를 구비하고 있어야 합니다.

일반적인 은행보다는 우체국이나 세븐일레븐, 시티은행의 ATM기를 이용하면 편리한데, 특히 세븐일레븐에 설치된 ATM기는 운이 좋으면 한국어 안내 페이지를 볼 수 있어 어렵지 않게 현금서비스를 받을 수 있습니다.

일본의 약국

일본의 약국은 한국과는 많은 차이점이 있습니다. 우리나라는 대부분 의약품을 취급하는 반면 일본의 약국은 의약품 외에도 각종 강장제와 화장품, 목욕 용품, 세제, 잡화 등 오히려 생활필수품을 더 많이 판매하고 있어 마트에 온 것 같은 착각이 들 정도입니다. 물론 약사가 따로 있고, 처방전이 없으면 약을 조제해 주지 않지만 간단한 감기약이나 해열제, 소화제, 습포제나 연고 등은 처방전 없이도 구입할 수 있습니다.

조제약은 병원에서 처방전을 받은 후 처방전処方箋이라고 쓰여 있는 약국을 찾아 지어야 합니다.

7 인터넷

■ 이 근처에 PC방이 있나요?
고노 치까꾸니 인따~넷또 카훼가 아리마스까?
この 近くに インターネットカフェが ありますか。

■ 한국어도 지원이 되나요?
강꼬꾸고니모 다이오~ 데끼마스까?
韓国語にも 対応できますか。

■ 컴퓨터가 이상한데요.
빠소꼰노 쵸~시가 오까시잉데스가.
パソコンの 調子が おかしいんですが。

■ 요금은 얼마입니까?
료~낑와 이꾸라데스까?
料金は いくらですか。

■ 식사도 됩니까?
쇼꾸지모 데끼마스까?
食事も できますか。

■ 음료수는 무료인가요?
노미모노와 무료~데스까?
飲み物は 無料ですか。

알고 갑시다

일본의 인터넷카페

우리나라의 PC방에 해당하는 일본의 인터넷카페インターネットカフェ는 대부분 1인실인 경우가 많고, 헤드셋을 이용하는 등 대체

로 다른 사람을 배려한 공간이라고 할 수 있습니다.

그리고 PC만 있는 공간이 아니라 만화나 게임도 함께 즐길 수 있다는 점이 우리나라와는 다르며, 대체로 TV도 함

께 갖추고 있어 여러 오락시설을 함께 즐길 수 있습니다.

경우에 따라서는 음료를 무료로 제공해주기도 하고 샤워실을 갖추고 있는 곳도 있습니다.

요금은 시간제로 등록하면 조금 비싼 편인데, 시간당 요금이 200~400엔 정도이고 나이트팩(정액제)의 경우 5시간에 1000엔 정도여서 가볍게 하룻밤 이용하기에 적당합니다. 가격이 저렴하기 때문에 실직자들이 아예 이곳에서 생활을 하는 인터넷카페난민ネットカフェ難民이라는 새로운 풍조를 낳고 있습니다.

8 상황별 주요 단어

전화

공중전화	고~슈~뎅와	公衆電話
국제전화	곡사이뎅와	国際電話
IC카드	아이씨~카~도	ICカード
콜렉트 콜	코레꾸또코~루	コレクトコール
전화카드	테레혼카~도	テレフォンカード
교환원	고~깐슈	交換手
로밍서비스	로~밍구사~비스	ローミングサービス
국가번호	구니방고~	国番号

우체국

우표	깃떼	切手
편지	데가미	手紙
편지지	빈센	便箋
엽서	하가끼	葉書
연하장	넹가죠~	年賀状
등기우편	가끼또메	書留
항공우편	에아~메~루	エアーメール
소포	고즈쯔미	小包
취급주의	도리아쯔까이쥬~이	取扱注意

8 상황별 주요 단어

은행

지폐	시헤이	紙幣(しへい)
동전	고제니	小銭(こぜに)
여행자수표	토라베라~즈 첵꾸	トラベラーズチェック
계좌번호	후리꼬미방고~	振(ふ)り込(こ)み番号(ばんごう)
신용카드	쿠레짓또카~도	クレジットカード
신분증	미분쇼~	身分証(みぶんしょう)
환전	료~가에	両替(りょうがえ)
수수료	데스~료~	手数料(てすうりょう)
창구	마도구찌	窓口(まどぐち)
현금지급기	에~티~에무	ATM(エーティーエム)

PC방

메일	메~루	メール
파일	화이루	ファイル
모니터	모니따~	モニター
마우스	마우스	マウス
인터넷	인따~넷또	インターネット
동영상	도~가	動画(どうが)
검색	겐사꾸	検索(けんさく)
문자 깨짐	모지바께	文字化(もじば)け

약국

감기약	가제구스리	風邪薬(かぜぐすり)
두통약	즈쯔~야꾸	頭痛薬(ずつうやく)
위장약	이쵸~야꾸	胃腸薬(いちょうやく)
변비약	벤삐야꾸	便秘薬(べんぴやく)
지사제	게리도메	下痢止(げりど)め
안약	메구스리	目薬(めぐすり)
소화제	쇼~까자이	消化剤(しょうかざい)
해열제	게네쯔자이	解熱剤(げねつざい)
연고	난꼬~	軟膏(なんこう)
찜질파스	온싯뿌	温湿布(おんしっぷ)
파스	파스 / 하리구스리	パス / 張(は)り薬(ぐすり)
아스피린	아스삐린	アスピリン
반창고	반소~꼬~	絆創膏(ばんそうこう)
일회용밴드	쯔까이스떼반도	使(つか)い捨(す)てバンド
붕대	호~따이	包帯(ほうたい)
생리대	나쁘낀/팟도	ナプキン / パッド
팬티라이너	판띠~라이나~	パンティーライナー
면봉	멘보~	綿棒(めんぼう)
거즈	가~제	ガーゼ
탈지면	닷시멘	脱脂綿(だっしめん)

필수표현 / 기내 / 공항 / 교통 / 음식 / 숙박 / 관광 / 쇼핑 / 공공시설 / 트러블 / 귀국 / 유용한 표현

10

트러블 대처 필수 표현

여권 분실

지갑 분실

교통사고

신체 이상

상황별 주요 단어

트러블 대처

해외에서 몸이 아프다거나 물건을 도난 당하는 등의 일을 겪게 되면 언어상의 문제로 인해 더욱 당황하게 됩니다. 여기서는 여행 중에 일어나는 대표적인 상황들을 살펴보고 그에 대처하는 말들을 모았습니다.

알고 갑시다

여행 중에 자주 일어나는 트러블과 대책

해외에서 도난을 당하거나 크게 다치면 누구나 당황합니다. 여기서는 자주 일어나는 트러블과 그 대처법에 대해서 알아보겠습니다.

1 여권 도난

여권을 잃어버리게 되면 여행을 하는 데는 불편이 없지만 귀국을 할 수 없게 됩니다. 우선 경찰서나 파출소交番에 분실 신고를 하고 한국대사관이나 영사관 등에 가서 여행임시증명서를 발급을 받아야 합니다. 만일을 위해 여권 사본과 여권용 사진을 따로 보관하는 것이 좋습니다.

2 항공권 분실

항공권은 분실을 하더라도 본인 확인만 되면 거의 대부분 재발급을 해 줍니다. 다만 할인 항공권인 경우 재발급이 되지 않는 경우가 많기 때문에 분실시 여행사 쪽에 문의를 하는 것이 더 정확한 안내를 받을 수 있습니다.

3 지갑 분실

지갑을 분실하면 곧장 가까운 경찰서나 파출소交番로 가서 분실 신고를 해야 합니다. 여행자수표는 미리 수표 번호와 금액, 발행 일자를 적어두면 쉽게 재발급을 받을 수 있습니다.

4 짐 분실

우선 가까운 파출소에 가서 분실 신고를 해야 합니다. 짐을 찾으면 분실 신고서에 기입한 연락처로 연락이 오는데 분실된 물품의 내용과 모양을 설명한 후 일치하면 돌려줍니다. 만약 짐을 찾지 못했다면 보험 가입자에 한해 소정의 보상을 받을 수 있습니다.

5 교통사고

교통사고를 당했을 때는 우선 주변 사람들에게 도움을 요청하고 경찰서(110번)에 사고 접수를 합니다. 사고 처리는 가급적 경찰이 입회한 가운데 처리하는 것이 좋습니다. 이때 병원을 이용했다면 보험 처리를 위해 모든 영수증을 챙겨두어야 합니다.

6 몸이 아플 때

증상이 심하지 않을 경우에는 가까운 약국에서 상비약을 구입해서 먹을 수 있습니다. 증상이 심할 경우에는 병원을 이용하도록 합니다. 병원 치료비의 경우 여행자보험에 가입해 있다면 거의 돌려받을 수 있습니다.

7 일본의 각종 전화번호

긴급 전화

경찰서 110
소방서 119
전화안내 104

분실문센타

도쿄역 분실물 취급소 03) 3231-1880
우에노역 분실물 취급소 03) 3841-8069
도쿄메트로 분실물 종합 취급소 03) 3834-5577
오사카 교통국 분실물 센터 06) 6633-9151(代)

출입국관리

도쿄법무국 03) 3214-6231

주요한국기관

주일한국대사관 03) 3452-7611
도쿄영사관 03) 3455-2601
오사카총영사관 06) 6213-1401
요코하마 영사관 045) 621-4531
후쿠오카영사관) 092) 771-0461
한국관광공사 03) 3580-3941

1 트러블 대처 필수 표현

_____ 을 잃어버렸어요.

오 나꾸시마시따.
_____ を なくしました。

□ 여권 파스뽀~또 パスポート	□ 핸드백 한도박구 ハンドバッグ	□ 돈 오까네 お金
□ 지갑 사이후 財布	□ 항공권 고~꾸~껜 航空券	□ 여행자 수표 토라베라~즈 첵꾸 トラベラーズチェック
□ 가방 가방 かばん	□ 카메라 카메라 カメラ	□ 신용카드 쿠레짓또카~도 クレジットカード

2 여권 분실

■ 경찰서는 어디입니까?
　　게~사쯔쇼와 도꼬데스까?
　　警察署は どこですか。

■ 여권을 잃어버렸습니다.
　　파스뽀~또오 나꾸시떼 시마이마시따.
　　パスポートを なくして しまいました。

■ 이 도난 증명서를 써 주십시오.
　　고노 도~난쇼~메~쇼오 가이떼 구다사이.
　　この 盗難証明書を 書いて ください。

■ 그 다음에 어떻게 하면 됩니까?
　　소노 아또와 도~스레바 이이데스까?
　　その 後は どうすれば いいですか。

■ 한국대사관에 가서,
　　강꼬꾸따이시깐니 잇떼.
　　韓国大使館に 行って、

■ 재발급 받으십시오.
　　사이학꾸~시떼 모랏떼 구다사이.
　　再発行して もらって ください。

3 지갑 분실

■ 지갑을 잃어버렸습니다.
　　사이후오 나꾸시마시따.
　　財布を なくしました。

■ 언제, 어디에서 도난당했습니까?
　　이쯔, 도꼬데 누스마레마시따까?
　　いつ、どこで 盗まれましたか。

■ 오후, 전철 안에서요.
　　고고, 덴샤노 나까데스.
　　午後、電車の中です。

■ 안에 무엇이 들어 있었습니까?
　　나까니 나니가 하잇떼 이마시따까?
　　中に 何が 入って いましたか。

■ 현금과 신용카드가 들어 있습니다.
　　겡낀또 쿠레짓또카~도가 하잇떼 이마스.
　　現金と クレジットカードが 入って います。

■ 카드는 바로 은행에 신고해 주세요.
　　카~도와 스구 깅꼬~니 도도께떼 구다사이.
　　カードは すぐ 銀行に 届けて ください。

4 교통 사고

■ 앗! 위험해요.
  앗, 아부나이!
  あっ、あぶない。

■ 죄송합니다. 괜찮으십니까?
  스미마셍. 다이죠~부데스까?
  すみません。だいじょうぶですか。

■ 자동차에 치였습니다.
  구루마니 히까레마시따.
  車に ひかれました。

■ 다리가 아픈데요.
  아시가 이따이데스.
  足が いたいです。

■ 곧 구급차를 부르겠습니다.
  스구 큐~뀨~샤오 요비마스.
  すぐ 救急車を 呼びます。

■ 도와 주세요.
  다스께떼 구다사이.
  助けて ください。

5 신체 이상

■ 발목을 삐었습니다.
아시꾸비오 넨쟈시마시따.
足首を 捻挫しました。

■ 갑자기 배가 아파요.
규~니 오나까가 이따꾸 나리마시따.
急に おなかが 痛く なりました

■ 몸 상태가 이상합니다.
가라다노 쵸~시가 오까시~데스.
体の 調子が おかしいです。

■ 두통이 심합니다.
즈쯔~가 히도이데스.
頭痛が ひどいです。

■ 따끔따끔합니다.
히리히리시마스.
ひりひりします。

■ 머리가 욱신거립니다.
아따마가 즈끼즈끼시마스.
頭が ずきずきします。

알고 갑시다

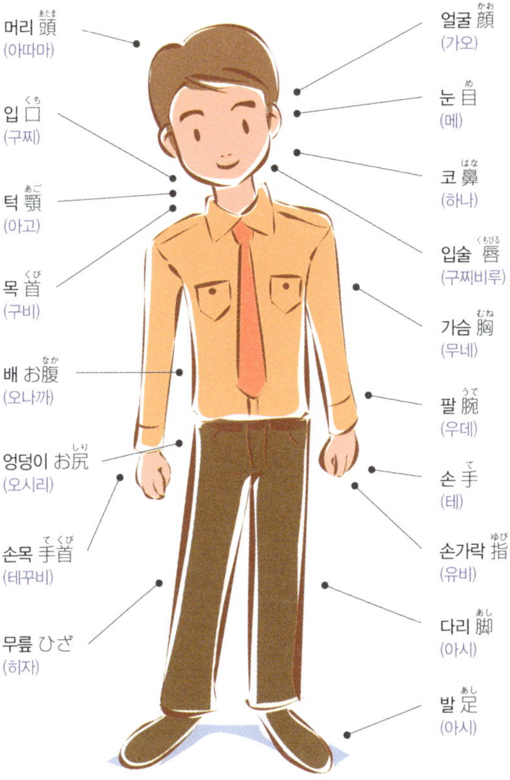

한국어	일본어	발음
머리	頭	(아따마)
입	口	(구찌)
턱	顎	(아고)
목	首	(구비)
배	お腹	(오나까)
엉덩이	お尻	(오시리)
손목	手首	(테꾸비)
무릎	ひざ	(히자)
얼굴	顔	(가오)
눈	目	(메)
코	鼻	(하나)
입술	唇	(구찌비루)
가슴	胸	(무네)
팔	腕	(우데)
손	手	(테)
손가락	指	(유비)
다리	脚	(아시)
발	足	(아시)

6 상황별 주요 단어

각종 사고

잃어버리다	나꾸스	なくす
날치기당하다	힛따꾸라레루	ひったくられる
협박당하다	쿄~하꾸사레루	脅迫される
소매치기당하다	스라레루	すられる
강도를 만나다	고~또~니 아우	強盗に あう
교통사고	고~쓰~지꼬	交通事故
무단횡단	무단오~단	無断横断
구급차	큐~뀨~샤	救急車
뺑소니	히끼니게	ひき逃げ

진료과목

내과	나이까	内科
외과	게까	外科
피부과	히후까	皮膚科
소아과	쇼~니까	小児科
안과	강까	眼科
이비인후과	지비인꼬~까	耳鼻咽喉科
치과	시까	歯科
비뇨기과	히뇨~끼까	泌尿器科

증상

알레르기	아레루기~	アレルギー
감기	가제	風邪
복통	후꾸쯔~	腹痛
식중독	쇼꾸쮸~도꾸	食中毒
위염	이엔	胃炎
배탈	쇼꾸아따리	食あたり
변비	벰삐	便秘
장염	쵸~엔	腸炎
고혈압	고~께쯔아쯔	高血圧
저혈압	데~께쯔아쯔	低血圧
당뇨	도~뇨~	糖尿
요통	요~쯔~	腰痛
골절	곳세쯔	骨折
찰과상	스리키즈	すり傷
생리통	세~리쯔~	生理痛
다래끼	모노모라이	ものもらい
화상	야께도	やけど
두드러기	짐마신	じんましん
물집	미즈부꾸레	水ぶくれ

11

귀국시 필수 표현

항공기 예약 확인

출국 수속

작별 인사

공항 면세점

상황별 주요 단어

귀국하기

※ 드디어 귀국입니다. 신나게 여행하다 보면 어느덧 귀국 시점이 되어 아쉬움이 많이 남습니다. 하지만 다음을 기약하며 마무리를 잘 하는 것이 중요하겠죠?

1 귀국시 필수 표현

■ 대한항공 카운터는 어디입니까?
    다이깡꼬~꾸~노 카운따~와 도꼬데스까?
    大韓航空の カウンターは どこですか。

■ 예약을 확인하고 싶은데요.
    요야꾸오 가꾸닌시따인데스가.
    予約を 確認したいんですが。

■ 탑승 게이트는 몇 번입니까?
    도~죠~게~또와 남반데스까?
    搭乗ゲートは 何番ですか。

■ 출국 게이트는 어디입니까?
    슉꼬꾸게~또와 도꼬데스까?
    出国ゲートは どこですか。

■ 그럼 건강하세요. 안녕히 계세요.
    데와, 오겡끼데. 사요~나라.
    では、お元気で。さようなら。

■ 한국에도 놀러 오세요.
    강꼬꾸니모 아소비니 기떼 구다사이.
    韓国にも 遊びに 来て ください。

2 항공기 예약 확인

■ 예약을 확인하고 싶은데요.
　요야꾸오 가꾸닌시따인데스가.
　予約を 確認したいんですが。

■ 성함과 출발 날짜를 말씀해 주십시오.
　오나마에또 슙빠쯔노 히오 도~조.
　お名前と 出発の 日を どうぞ。

■ 김대한, KIM-DAE-HAN, 9월 8일입니다.
　김대한, KIM DAE HAN 구가쯔 요~까데스.
　金大韓、KIM-DAE-HAN 9月 8日です。

■ 서울행 KAL062편이지요?
　소우루유끼노 카~루제로로꾸니빈데스네.
　ソウル行きの KAL062便ですね。

■ 예, 맞습니다.
　하이, 소~데스.
　はい、そうです。

■ 예약 확인되었습니다.
　요야꾸 가꾸닌 데끼마시따.
　予約 確認 できました。

3 출국 수속

■ 대한항공 카운터는 어디입니까?

다이깡꼬~꾸~노 카운따~와 도꼬데스까?
大韓航空の カウンターは どこですか。

■ 항공권과 여권을 보여 주십시오.

고~꾸~껜또 파스뽀~또오 미세떼 구다사이.
航空券と パスポートを 見せて ください。

■ 짐은 이것뿐입니까?

오니모쯔와 고레다께데스까?
お荷物は これだけですか。

■ 탑승 게이트는 몇 번입니까?

도~죠~게~또와 남반데스까?
搭乗ゲートは 何番ですか。

■ 7번 게이트입니다.

나나반 게~또데스.
7番 ゲートです。

■ 출국 게이트를 들어가서 오른쪽입니다.

슉꼬꾸게~또오 하잇떼 미기노 호~데스.
出国ゲートを 入って、右の ほうです。

4 작별 인사

■ 정말 신세 많았습니다.
다이헨, 오세와니 나리마시따.
大変、お世話に なりました。

■ 아니오, 천만에 말씀을요.
이이에, 도~이따시마시떼.
いいえ、どういたしまして。

■ 덕분에 매우 즐거웠습니다.
오까게사마데, 도떼모 다노시깟따데스.
お陰様で、とても 楽しかったです。

■ 한국에도 놀러 오십시오.
강꼬꾸니모 아소비니 기떼 구다사이.
韓国にも 遊びに 来て ください。

■ 한국 여행은 제게 맡겨 주십시오.
강꼬꾸료꼬~와 와따시니 마까세떼 구다사이.
韓国旅行は 私に 任せて ください。

■ 그럼 건강하세요. 안녕히 계세요.
데와, 오겡끼데. 사요~나라.
では、お元気で。さようなら。

5 공항 면세점

■ 이것은 위스키인가요?
　　고레와 우이스끼~데스까?
　これは ウイスキーですか。

■ 네, 10년산입니다.
　　하이, 쥬~넨모노데스.
　はい、10年物です。

■ 가격은 표에 쓰여 있습니다.
　　네당와 후다니 가이떼 아리마스.
　値段は 札に 書いて あります。

■ 담배도 살 수 있나요?
　　다바꼬모 가에마스까?
　タバコも 買えますか。

■ 위스키 한 병과 담배 2갑 주세요.
　　우이스끼~ 입뽄또 다바꼬 후따쯔 구다사이.
　ウイスキー 一本と タバコ 二つ ください。

■ 여권을 주세요.
　　파스뽀~또오 다시떼 구다사이.
　パスポートを 出して ください。

알고 갑시다

귀국 전 체크 사항

외국 여행을 기분 좋게 다녀왔다가 마지막 일정인 귀국에서 기분을 상하게 된다면 여행 전체가 나쁜 기억으로 남을 수 있습니다. 반입 금지 품목의 경우 자신도 모르는 사이 들고 오게 되는 일도 많기 때문에 미리미리 알아두는 것이 좋습니다.

1 반입 금지 품목

- 화폐, 지폐, 유가증권 등의 모조품이나 위변조품 등.
- 국제협약에서 보호하는 멸종위기에 처한 야생동물 및 이들로 만든 제품 등.
- 총기나 도검류(장난감, 장식용 포함), 마약류, 향정신성 의약품 등.
- 국헌이나 미풍양속 저해물품(음란서적 및 CD, 사진, 테이프 등)

2 신고를 요하는 물품

- 긴급수리용품, 견본품 등 회사용품.
- 출국시 휴대 반출 신고했던 물품을 재반입하는 물품.
- 일시 귀국하여 우리나라에서 사용하고 출국시 재반출할 물품.
- 우리나라에 반입할 의사가 없어 세관에 보관했다가 출국시 반출할 물품.
- 1만 불 상당을 초과하는 외화나 원화, 원화 표시된 자기앞, 당좌수표, 우편환 등.

3 면세 범위

- 반입하는 모든 물품의 합계 금액이 400달러 이내.
- 주류 1병(1리터 이하), 담배 200개비, 향수 2온스 이내.

6 상황별 주요 단어

공항

대한항공	다이깐꼬~꾸~	大韓航空
아시아나항공	아시아나꼬~꾸~	アシアナ航空
JAL	자루	JAL
ANA	아나	ANA
예약	요야꾸	予約
취소	칸~세루	キャンセル
이륙	리리꾸	離陸
착륙	챠꾸리꾸	着陸
연착	치엔	遅延
결항	겍꼬~	欠航
카운터	카운따~	カウンター
공항이용료	구~꼬~시요~료~	空港使用料
항공기편명	고~꾸~끼빈메~	航空機便名
탑승권	도죠~껜	搭乗券
취소 대기	칸~세루마찌	キャンセル待ち
수하물검사	니모쯔켄사	荷物検査
환전	료~가에	両替
카트	카~또	カート

수속

탑승 수속	도죠~테쯔즈끼	搭乗手続き
출발 로비	슙빠쯔로비~	出発ロビー
게이트	게~또	ゲート
탑승구	도죠~구찌	搭乗口
몸수색	보디~첵꾸	ボディーチェック
검역	겡에끼	検疫
세관	제~깐	税関
출국 수속	슉꼬꾸테쯔즈끼	出国手続き
수하물	데니모쯔	手荷物

면세점

주류	슈루이	酒類
담배	다바꼬	タバコ
화장품	게쇼~힝	化粧品
향수	고~스이	香水
핸드백	한도박구	ハンドバッグ
전자제품	덴끼세~힝	電気製品
과자	오까시	お菓子
선물	오미야게	お土産

12

- 숫자 표현
- 개수 표현
- 인원 수
- 시간 표현
- 날짜 표현
- 연도 · 요일
- 수사 표현
- 색깔 표현

유용한 표현

여행을 하면서 자주 말하게 되는 숫자와 시간 표현, 그 외에 물건을 헤아리는 수사 표현 등을 알아봅시다.

1 숫자 표현

1	이찌	いち
2	니	に
3	상	さん
4	시, 용	し、よん
5	고	ご
6	로꾸	ろく
7	시찌, 나나	しち、なな
8	하찌	はち
9	구, 규~	く、きゅう
10	쥬~	じゅう
20	니쥬~	にじゅう
30	산쥬~	さんじゅう
40	욘쥬~	よんじゅう
50	고쥬~	ごじゅう
60	로꾸쥬~	ろくじゅう
70	나나쥬~	ななじゅう
80	하찌쥬~	はちじゅう
90	규~쥬~	きゅうじゅう
100	햐꾸	ひゃく
600	롭빠꾸	ろっぴゃく
1000	셍	せん
10000	이찌망	いちまん

2 개수 표현

하나	히또쯔	ひとつ
둘	후따쯔	ふたつ
셋	밋쯔	みっつ
넷	욧쯔	よっつ
다섯	이쯔쯔	いつつ
여섯	뭇쯔	むっつ
일곱	나나쯔	ななつ
여덟	얏쯔	やっつ
아홉	고꼬노쯔	ここのつ
열	도~	とお
열 하나	쥬~이찌	じゅういち
열 둘	쥬~니	じゅうに
열 셋	쥬~상	じゅうさん
스물	니쥬~	にじゅう
서른	산쥬~	さんじゅう
몇	이꾸쯔	いくつ

3 인원 수

한국어	한글 발음	일본어
한 명	히또리	ひとり
두 명	후따리	ふたり
세 명	산닝	さんにん
네 명	요닝	よにん
다섯 명	고닝	ごにん
여섯 명	로꾸닝	ろくにん
일곱 명	시찌닝	しちにん
여덟 명	하찌닝	はちにん
아홉 명	규~닝	きゅうにん
열 명	쥬~닝	じゅうにん
열한 명	쥬~이찌닝	じゅういちにん
열두 명	쥬~니닝	じゅうににん
열세 명	쥬~산닝	じゅうさんにん
스무 명	니쥬~닝	にじゅうにん
서른 명	산쥬~닝	さんじゅうにん
마흔 명	욘쥬~닝	よんじゅうにん
백 명	햐꾸닝	ひゃくにん
이백 명	니햐꾸닝	にひゃくにん
삼백 명	삼뱌꾸닝	さんびゃくにん
사백 명	용햐꾸닝	よんひゃくにん
천 명	센닝	せんにん
만 명	이찌만닝	いちまんにん
몇 명	난닝	なんにん

4 시간 표현

1시	이찌지	いちじ
2시	니지	にじ
3시	산지	さんじ
4시	요지	よじ
5시	고지	ごじ
6시	로꾸지	ろくじ
7시	시찌지	しちじ
8시	하찌지	はちじ
9시	구지	くじ
10시	쥬~지	じゅうじ
11시	쥬~이찌지	じゅういちじ
12시	쥬~니지	じゅうにじ
1분	입뿐	いっぷん
2분	니훈	にふん
3분	삼뿐	さんぷん
4분	욤뿐	よんぷん
5분	고훈	ごふん
6분	록뿐	ろっぷん
7분	나나훈	ななふん
8분	하찌훈/합뿐	はちふん/はっぷん
9분	큐~훈	きゅうふん
10분	줍뿐/집뿐	じゅっぷん/じっぷん
15분	쥬~고훈	じゅうごふん
30분	산줍뿐	さんじゅっぷん

5 날짜 표현

1일	쯔이따찌	ついたち
2일	후쯔까	ふつか
3일	믹까	みっか
4일	욕까	よっか
5일	이쯔까	いつか
6일	무이까	むいか
7일	나노까	なのか
8일	요~까	ようか
9일	고꼬노까	ここのか
10일	도~까	とおか
11일	쥬~이찌니찌	じゅういちにち
12일	쥬~니니찌	じゅうににち
13일	쥬~산니찌	じゅうさんにち
14일	쥬~욕까	じゅうよっか
15일	쥬~고니찌	じゅうごにち
16일	쥬~로꾸니찌	じゅうろくにち
17일	쥬~시찌니찌	じゅうしちにち
18일	쥬~하찌니찌	じゅうはちにち
19일	쥬~꾸니찌	じゅうくにち
20일	하쯔까	はつか
24일	니쥬~욕까	にじゅうよっか
며칠	난니찌	なんにち

6 년도 · 요일

1년	이찌넹	いちねん
2년	니넹	にねん
3년	산넹	さんねん
4년	요넹	よねん
5년	고넹	ごねん
6년	로꾸넹	ろくねん
7년	시찌넹	しちねん
8년	하찌넹	はちねん
9년	규~넹, 구넹	きゅうねん/くねん
10년	쥬~넹	じゅうねん
올해	고또시	ことし
작년	쿄넹	きょねん
재작년	오또또시	おととし
내년	라이넹	らいねん
내후년	사라이넹	さらいねん
몇 년	난넹	なんねん
월요일	게쯔요~비	げつようび
화요일	가요~비	かようび
수요일	스이요~비	すいようび
목요일	모꾸요~비	もくようび
금요일	깅요~비	きんようび
토요일	도요~비	どようび
일요일	니찌요~비	にちようび
무슨 요일	낭요~비	なんようび

7 수사 표현

~사람	닝	~人（にん）
~명	메이	~名（めい）
~분	메이사마	~名様（めいさま）
~인분	닌분	~人分（にんぶん）
~개	꼬	~個（こ）
~장	마이	~枚（まい）
~통	쯔~	~通（つう）
~권	사쯔	~冊（さつ）
~자루	혼/본/뽄	~本（ほん/ぼん/ぽん）
~그릇	하이/바이/빠이	~杯（はい/ばい/ぱい）
~잔	하이/바이	~杯（はい/ばい）
~병	혼/본/뽄	~本（ほん/ぼん/ぽん）
~대	다이	~台（だい）
~층	까이	~階（かい）
~벌	쨔꾸	~着（ちゃく）
~군데	까쇼	~か所（しょ）
~살	사이	~歳（さい）
~회	까이	~回（かい）
~번	반	~番（ばん）
~번째	반메	~番目（ばんめ）

8 색깔 표현

원색	겐쇼꾸	げんしょく
빨간색	아까이로	あかいろ
파란색	아오이로	あおいろ
주황색	다이다이이로	だいだいいろ
노랑색	기이로	きいろ
초록색	미도리이로	みどりいろ
청녹색	아오미도리이로	あおみどりいろ
흰색	시로이로	しろいろ
회색	하이이로	はいいろ
	구레~	グレー
검정색	구로이로	くろいろ
분홍색	핑꾸이로	ピンクいろ
자주색	무라사끼이로	むらさきいろ
갈색	챠이로	ちゃいろ
금색	깅이로	きんいろ
은색	깅이로	ぎんいろ
하늘색	소라이로	そらいろ
베이지색	베~쥬이로	ベージュいろ
옅은 색	우스이로	うすいろ
진한 색	고이이로	こいいろ

찾아 보기

※ 여행 중에는 많은 상황들이 일어나기 때문에 어떤 말이 필요할지 모릅니다. 찾아보기에서 원하는 말들을 바로바로 찾아보세요.

가게

가게	미세	店(みせ)
가격	네당	値段(ねだん)
가늘다	호소이	細(ほそ)い
가라오케	가라오께	カラオケ
가방	가방	カバン
가볍다	가루이	軽(かる)い
가부키	가부끼	歌舞伎(かぶき)
가슴	무네	胸(むね)
가운데	나까	中(なか)
가운뎃손가락	나까유비	中指(なかゆび)
가이드	가이도	ガイド
가족	가조꾸	家族(かぞく)
간장	쇼~유	醤油(しょうゆ)
간호사	강고시	看護師(かんごし)
갈색	챠이로	茶色(ちゃいろ)
갈아입다	기가에루	着替(きが)える
갈아타다	노리까에루	乗(の)り換(か)える
감	가끼	柿(かき)
감기약	가제구스리	風邪薬(かぜぐすり)
감동하다	간도~스루	感動(かんどう)する
감자	쟈가이모	じゃがいも
강	가와	川(かわ)
개관	가이깡	開館(かいかん)
개인	고진	個人(こじん)
개점	가이뗑	開店(かいてん)
개찰구	가이사쯔구찌	改札口(かいさつぐち)

고구마

객실	갸꾸시쯔	客室(きゃくしつ)
거리	도~리	通(とお)り
거스름돈	오쯔리	おつり
거울	가가미	鏡(かがみ)
건너다	와따루	渡(わた)る
건널목	후미끼리	踏切(ふみきり)
건물	다테모노	建物(たてもの)
건전지	간덴찌	乾電池(かんでんち)
걷다	아루꾸	歩(ある)く
검사	겐사	検査(けんさ)
검정	구로	黒(くろ)
검지손가락	히또사시유비	人(ひと)さし指(ゆび)
게	가니	蟹(かに)
게이트	게~또	ゲート
게임	게~무	ゲーム
견본	미홍	見本(みほん)
경로석	게~로~세끼	敬老席(けいろうせき)
경찰	게~사쯔	警察(けいさつ)
경찰관	게~사쯔깡	警察官(けいさつかん)
경찰서	게~사쯔쇼	警察署(けいさつしょ)
계단	가이당	階段(かいだん)
계란	다마고	卵(たまご)
계란프라이	메다마야끼	目玉焼(めだまや)き
계산	게~상	計算(けいさん)
계산서	게~산쇼	計算書(けいさんしょ)
고구마	사쯔마이모	さつまいも

고기

고기	니꾸	肉(にく)
고도	고~도	高度(こうど)
고등어	사바	さば
고열	고~네쯔	高熱(こうねつ)
고장	고쇼~	故障(こしょう)
고추	도~가라시	唐辛子(とうがらし)
고추냉이	와사비	ワサビ
고혈압	고~께쯔아쯔	高血圧(こうけつあつ)
골동품점	곳또~야	骨董屋(こっとうや)
골절	곳세쯔	骨折(こっせつ)
골프	고루후	ゴルフ
곪음	가노~	化膿(かのう)
공무원	고~무잉	公務員(こうむいん)
공원	고~엥	公園(こうえん)
공중전화	고~슈~뎅와	公衆電話(こうしゅうでんわ)
공항	구~꼬~	空港(くうこう)
과자가게	오까시야	お菓子屋(かしや)
관광	캉꼬~	観光(かんこう)
괴롭다	구루시이	苦(くる)しい
교사	교~시	教師(きょうし)
교수	교~쥬	教授(きょうじゅ)
교외	고~가이	郊外(こうがい)
교차로	고~사뗑	交差点(こうさてん)
교통사고	고~쯔~지꼬	交通事故(こうつうじこ)
교환	고~깡	交換(こうかん)
교환수	오뻬레~따~	オペレーター

근처(근방)

구급차	규~큐~샤	救急車(きゅうきゅうしゃ)
구내전화	고~나이뎅와	構内電話(こうないでんわ)
구두	구쯔	靴(くつ)
구명동의	규~메~도~이	救命胴衣(きゅうめいどうい)
구좌(번호)	고~자	口座(こうざ)
구청	구야꾸쇼	区役所(くやくしょ)
구토	하키께	吐(は)き気(け)
국	시루	汁(しる)
국가	곡까	国家(こっか)
국내선	고꾸나이센	国内線(こくないせん)
국적	곡세끼	国籍(こくせき)
국제	곡사이	国際(こくさい)
국제선	곡사이센	国際線(こくさいせん)
굴(해산물)	가끼	かき
굵다	후또이	太(ふと)い
굽다	야꾸	焼(や)く
귀	미미	耳(みみ)
귀걸이	이야링구	イヤリング
귀금속	기낀조꾸	貴金属(ききんぞく)
귀중품	기쵸~힝	貴重品(きちょうひん)
귤	미깡	蜜柑(みかん)
그레이(회색)	구레~	グレー
그림엽서	에하가끼	絵葉書(えはがき)
그저그렇다	마~마~다	まあまあだ
극장	게끼죠~	劇場(げきじょう)
근처(근방)	치까꾸	近(ちか)く

금색

금색	깅이로	金色(きんいろ)
금연석	깅엔세끼	禁煙席(きんえんせき)
금지	긴시	禁止(きんし)
급행	규~꼬~	急行(きゅうこう)
기간	기깡	期間(きかん)
기념품	기넹힝	記念品(きねんひん)
기모노	기모노	着物(きもの)
기본	기홍	基本(きほん)
기쁘다	우레시이	嬉(うれ)しい
기장	기쵸~	機長(きちょう)
기침	세끼	咳(せき)
긴급	깅뀨~	緊急(きんきゅう)
길	미찌	道(みち)
길다	나가이	長(なが)い
길안내	미찌안나이	道案内(みちあんない)
김	노리	のり
김밥	노리마끼	のりまき
까맣다	구로이	黒(くろ)い
꽁치	삼마	さんま
꽃가게	하나야	花屋(はなや)
끓이다	니루	煮(に)る
나른하다	다루이	だるい
나이프	나이후	ナイフ
낚시	쯔리	釣(つ)り
난방	담보~	暖房(だんぼう)
날씨	뎅끼	天気(てんき)

달다

남(쪽)	미나미	南(みなみ)
남색	공이로	紺色(こんいろ)
낮다	히꾸이	低(ひく)い
내선	나이센	内線(ないせん)
내용물	나까미	中身(なかみ)
냄비	나베	鍋(なべ)
냅킨	나뿌낀	ナプキン
냉방	레~보~	冷房(れいぼう)
냉수	오미즈	お水(みず)
냉장고	레~조~꼬	冷蔵庫(れいぞうこ)
넥타이	네꾸타이	ネクタイ
노랑	기이로	黄色(きいろ)
노랗다	기이로이	黄色(きいろ)い
노선도	로센즈	路線図(ろせんず)
노스웨스트	노~스웨스또	ノースウェスト
노트	노~또	ノート
녹색	미도리이로	緑色(みどりいろ)
녹차	료꾸쨔	緑茶(りょくちゃ)
놀라다	오도로꾸	驚(おどろ)く
농구	바스껫또보~루	バスケットボール
높다	다까이	高(たか)い
눈	메	目(め)
다리(구조물)	하시	橋(はし)
다리미	아이롱	アイロン
단체	단따이	団体(だんたい)
달다	아마이	甘(あま)い

달러

달러	도루	ドル(dollar)
닭고기	도리니꾸	鳥肉(とりにく)
닭꼬치	야끼또리	焼(や)き鳥(とり)
당근	닌징	にんじん
당기시오(문)	히꾸	引(ひ)く
당일치기	히가에리	日帰(ひがえ)り
대구(생선)	타라	たら
대사관	다이시깐	大使館(たいしかん)
대중	다이슈~	大衆(たいしゅう)
대한항공	다이깡꼬~꾸~	大韓航空(たいかんこうくう)
덮밥	돔부리	丼(どんぶり)
도난	도~난	盗難(とうなん)
도둑	도로보~	泥棒(どろぼう)
도서관	도쇼깡	図書館(としょかん)
도자기	도~지끼	陶磁器(とうじき)
도착	도~쨔꾸	到着(とうちゃく)
독서	도꾸쇼	読書(どくしょ)
돔	타이	たい
동(쪽)	히가시	東(ひがし)
동물원	도~부쯔엔	動物園(どうぶつえん)
동전	코인	コイン
돼지고기	부따니꾸	豚肉(ぶたにく)
된장	미소	味噌(みそ)
된장국	미소시루	味噌汁(みそしる)
두껍다	아쯔이	厚(あつ)い
두드러기	짐마신	じんましん

마라톤

두부	도~후	豆腐(とうふ)
두통	즈쯔~	頭痛(ずつう)
둥글다	마루이	丸(まる)い
뒤	우시로	後(うしろ)
드라이브	도라이브	ドライブ
드라이크리닝	도라이쿠리~닝구	ドライクリーニング
드레스	도레스	ドレス
등	세나까	背中(せなか)
등기	가끼또메	書留(かきとめ)
등산	도잔	登山(とざん)
디자이너	데자이나~	デザイナー
디저트	데자~또	デザート
디지털카메라	데지따루카메라	デジタルカメラ
딸기	이찌고	いちご
똑바로	맛스구	まっすぐ
뜨거운 커피	홋또코~히~	ホットコーヒー
라디오	라지오	ラジオ
라면	라~멘	ラーメン
라면집(가게)	라~멩야	ラーメン屋(や)
레스토랑	레스또랑	レストラン
레인코트	레인코~또	レインコート
로비	로비~	ロビー
룸서비스	루~무사~비스	ルームサービス
리무진버스	리무진바스	リムジンバス
립스틱	구찌베니	口紅(くちべに)
마라톤	마라손	マラソン

마작

마작	마~쟝	マージャン
마중	무까에	迎(むか)え
만년필	만넹히쯔	万年筆(まんねんひつ)
만두	교~자	ギョーザ
만지지 말 것	사와루나	触(さわ)るな
많다	오~이	多(おお)い
맛	아지	味(あじ)
맛있다	오이시이	おいしい
맞은편	무꼬~	向(む)こう
매니큐어	마니뀨아	マニキュア
매장	우리바	売(う)り場(ば)
매점	바이뗑	売店(ばいてん)
매진	우리끼레	売(う)り切(き)れ
매표소	깁뿌우리바	切符売(きっぷう)り場(ば)
맥주	비~루	ビール
맵다	가라이	辛(から)い
머리	아따마	頭(あたま)
머리카락	가미	髪(かみ)
머플러	마후라~	マフラー
멀미약	요이도메	酔(よ)い止(ど)め
메뉴	메뉴~	メニュー
메밀국수	소바	そば
메시지	멧세~지	メッセージ
면도기	가미소리	剃刀(かみそり)
면세점	멘제~뗑	免税店(めんぜいてん)
면세품	멘제~힝	免税品(めんぜいひん)

믹서

명랑하다	호가라까다	朗(ほが)らかだ
명물	메~부쯔	名物(めいぶつ)
명소	메~쇼	名所(めいしょ)
모닝콜	모~닝구코~루	モーニングコール
모자	보~시	帽子(ぼうし)
모피코트	게가와노코~또	毛皮(けがわ)のコート
목	구비	首(くび)
목(구멍)	노도	喉(のど)
목걸이	넥꾸레스	ネックレス
목적	모꾸떼끼	目的(もくてき)
무겁다	오모이	重(おも)い
무료	무료~	無料(むりょう)
무릎	히자	膝(ひざ)
무비카메라	무~비~카메라	ムービーカメラ
무섭다	고와이	怖(こわ)い
문	도아	ドア
문방구	붐보~구	文房具(ぶんぼうぐ)
문어	타꼬	蛸(たこ)
물	미즈	水(みず)
물수건	오시보리	お絞(しぼ)り
미술관	비쥬쯔깐	美術館(びじゅつかん)
미시오(문)	오스	押(お)す
미역	와까메	わかめ
미용실	비요~잉	美容院(びよういん)
미워하다	니꾸무	憎(にく)む
믹서	미끼사~	ミキサー

민박

민박	민슈꾸	民宿(みんしゅく)
바나나	바나나	バナナ
바다	우미	海(うみ)
바둑	이고	囲碁(いご)
바이올린	바이오링	バイオリン
바지	즈봉	ズボン
박람회	하꾸랑까이	博覧会(はくらんかい)
박물관	하꾸부쯔깡	博物館(はくぶつかん)
박수	하꾸슈	拍手(はくしゅ)
박음질	누이메	縫(ぬ)い目(め)
반갑다	우레시이	嬉(うれ)しい
반날	한니찌	半日(はんにち)
반대	한따이	反対(はんたい)
반지	유비와	指輪(ゆびわ)
반품	헴삥	返品(へんぴん)
발	아시	足(あし)
발목	아시꾸비	足首(あしくび)
발송인	핫소~닌	発送人(はっそうにん)
발코니	바루코니~	バルコニー
발한	학깐	発汗(はっかん)
밤	요루	夜(よる)
밥	고항	ご飯(はん)
밥공기	챠왕	茶碗(ちゃわん)
방	헤야	部屋(へや)
방 번호	루~무남바~	ルームナンバー
방 열쇠	루~무키~	ルームキー

보석

방문	헤야노도아	部屋(へや)のドア
방향	호~꼬~	方向(ほうこう)
배(교통)	후네	船(ふね)
배(신체)	오나까	お腹(なか)
배구	바레~보~루	バレーボール
배우	하이유~	俳優(はいゆう)
배웅	데무까에	出迎(でむか)え
백화점	데빠~또	デパート
밴드	반도	バンド
버스	바스	バス
버클	박꾸루	バックル
번호	방고~	番号(ばんごう)
베개	마꾸라	枕(まくら)
베란다	베란다	ベランダ
벨보이	베루보이	ベルボイ
벨트	베루또	ベルト
변기	벵끼	便器(べんき)
변비	벰삐	便秘(べんぴ)
변상	벤쇼~	弁償(べんしょう)
변호사	벵고시	弁護士(べんごし)
병원	뵤~잉	病院(びょういん)
보관소	호깐쇼	保管所(ほかんしょ)
보내다	오꾸루	送(おく)る
보라색	무라사끼이로	紫色(むらさきいろ)
보리차	무기쨔	麦茶(むぎちゃ)
보석	호~세끼	宝石(ほうせき)

보온도시락

보온도시락	란찌쟈~	ランチジャー
보통	후쯔~	部通(ふつう)
보통열차	후쯔~렛샤	普通列車(れんしゃ)
보통우편	후쯔~유~빙	普通郵便(ゆうびん)
복도	로~까	廊下(ろうか)
복숭아	모모	桃(もも)
복어	후구	河豚(ふぐ)
복통	후꾸쯔~	腹痛(ふくつう)
볶다	이따메루	いためる
볼펜	보~루뻰	ボールペン
봉투	후~또~	封筒(ふうとう)
부근	헨	辺(へん)
부럽다	우라야마시이	羨(うらや)ましい
부상	후쇼~	負傷(ふしょう)
부엌	다이도꼬로	台所(だいどころ)
부재중	루스쮸~	留守中(るすちゅう)
부츠	부~쯔	ブーツ
북(쪽)	기따	北(きた)
분실물	훈시쯔부쯔	紛失物(ふんしつぶつ)
분하다	구야시이	悔(くや)しい
불고기	야끼니꾸	焼(や)き肉(にく)
불쌍하다	가와이소~다	かわいそうだ
불친절하다	후신세쯔다	不親切(ふしんせつ)だ
불쾌하다	후까이다	不快(ふかい)だ
붓다	하레루	腫(は)れる
붕대	호~따이	包帯(ほうたい)

사랑하다

붕장어	아나고	あなご
블라우스	부라우스	ブラウス
블레이저코트	부레자~코~또	ブレザーコート
비누	섹껭	石鹸(せっけん)
비디오	비데오	ビデオ
비상구	히죠~구찌	非常口(ひじょうぐち)
비싸다	다카이	高(たか)い
비옷	레인코~또	レインコート
비용	히요~	費用(ひよう)
비자	비자	ビザ
비즈니스석	비지네스세끼	ビジネス席(せき)
비행기	히꼬~끼	飛行機(ひこうき)
빈자리	구~세끼	空席(くうせき)
빈혈	힝께쯔	貧血(ひんけつ)
빨간신호	아까싱고~	赤信号(あかしんごう)
빨강	아까	赤(あか)
빨갛다	아까이	赤(あか)い
빵	팡	パン
빵집	팡야	パン屋(や)
뼈	호네	骨(ほね)
뿌리다	마꾸	蒔(ま)く
사거리	요쯔카도	四(よ)つ角(かど)
사고	지꼬	事故(じこ)
사과	링고	りんご
사교댄스	샤꼬~단스	社交(しゃこう)ダンス
사랑하다	아이스루	愛(あい)する

사용중

사용중	시요~쮸~	使用中(しようちゅう)
사이	아이다	間(あいだ)
사이클링	사이꾸링구	サイクリング
사전	지쇼	辞書(じしょ)
사진	샤싱	写真(しゃしん)
사진관	샤싱깡	写真館(しゃしんかん)
산	야마	山(やま)
삶다	유데루	ゆでる
삼치	사와라	さわら
상가	쇼~뗑가이	商店街(しょうてんがい)
상냥하다	야사시이	やさしい
상의	우와기	上着(うわぎ)
상점	쇼~뗑	商店(しょうてん)
상품	쇼~힝	商品(しょうひん)
상행	노보리	上(のぼ)り
새우	에비	海老(えび)
색깔	이로	色(いろ)
샌드위치	산도잇찌	サンドイッチ
샌들	산다루	サンダル
샐러드	사라다	サラダ
샐러리맨	사라리~망	サラリーマン
생리통	세~리쯔~	生理痛(せいりつう)
생맥주	나마비~루	生(なま)ビール
생선	사까나	魚(さかな)
생선가게	사까나야	魚屋(さかなや)
생선구이	야끼자까나	焼(や)き魚(ざかな)

세관

생선초밥	스시	寿司(すし)
생선회	사시미	刺身(さしみ)
샤브샤브	샤부샤부	シャブシャブ
샤워기	샤와~	シャワー
샴푸	샴뿌~	シャンプー
서(쪽)	니시	西(にし)
서비스	사~비스	サービス
서비스료	사~비스료~	サービス料(りょう)
서양식 방	요~시쯔	洋室(ようしつ)
서양요리	요~쇼꾸	洋食(ようしょく)
서점	홍야	本屋(ほんや)
서행	죠꼬~	徐行(じょこう)
섞다	마제루	混(ま)ぜる
~선	센	~線(せん)
선글라스	상구라스	サングラス
선금	마에낑	前金(まえきん)
선물(토산품)	오미야게	お土産(みやげ)
선반	다나	棚(たな)
선생님	센세~	先生(せんせい)
선편	후나빙	船便(ふなびん)
설명서	세쯔메~쇼	説明書(せつめいしょ)
설사	게리	下痢(げり)
설탕	사또~	砂糖(さとう)
성(구조물)	오시로	お城(しろ)
성실하다	마지메다	まじめだ
세관	제~깐	税関(ぜいかん)

세금

세금	제~낑	税金(ぜいきん)
세면대	셈멘다이	洗面台(せんめんだい)
세면장	셈멘죠	洗面所(せんめんじょ)
세탁	센따꾸	洗濯(せんたく)
세탁기	센딱끼	洗濯機(せんたくき)
세탁소	쿠리~닝구야	クリーニング屋(や)
센터	센타~	センター
셔츠	샤쯔	シャツ
셔터	샷따~	シャッター
소금	시오	塩(しお)
소매	소데	そで
소방서	쇼~보~쇼	消防署(しょうぼうしょ)
소설	쇼~세쯔	小説(しょうせつ)
소시지	소~세~지	ソーセージ
소파	소화~	ソファー
소포	고즈쯔미	小包(こづつみ)
소형 오디오	고가따오~디오	小型(こがた)オーディオ
소화불량	쇼~까후료~	消化不良(しょうかふりょう)
소화제	쇼~까자이	消化剤(しょうかざい)
속달	소꾸따쯔	速達(そくたつ)
속도	소꾸도	速度(そくど)
속옷	시따기	下着(したぎ)
속치마	스립뿌	スリップ
손	테	手(て)
손가락	유비	指(ゆび)
손등	테노꼬~	手(て)の甲(こう)

숙박카드

손목	테꾸비	手首(てくび)
손목시계	우데도께~	腕時計(うでどけい)
손바닥	테노히라	手(て)のひら
손수건	항까찌	ハンカチ
손잡이	쯔리까와	吊革(つりかわ)
손톱	쯔메	爪(つめ)
손톱깎이	쯔메끼리	爪(つめ)きり
송이버섯	마쯔따께	まつたけ
쇠고기	규~니꾸	牛肉(ぎゅうにく)
쇠고기덮밥	규~동	牛丼(ぎゅうどん)
수건(타월)	타오루	タオル
수도	스이도~	水道(すいどう)
수면제	스이민자이	睡眠剤(すいみんざい)
수박	스이까	すいか
수속	데쯔즈끼	手続(てつづ)き
수수료	데스~료~	手数料(てすうりょう)
수술	슈쥬쯔	手術(しゅじゅつ)
수영	스이에~	水泳(すいえい)
수족관	스이조꾸깐	水族館(すいぞくかん)
수취인	우께또리닌	受取人(うけとりにん)
수표	고깃떼	小切手(こぎって)
수프	스~뿌	スープ
수필	즈이히쯔	随筆(ずいひつ)
수화기	쥬와끼	受話器(じゅわき)
숙박	슈꾸하꾸	宿泊(しゅくはく)
숙박카드	슈꾸하꾸카~도	宿泊カード

순경

순경	오마와리상	お巡(まわ)りさん
숟가락	스뿌~ㄴ	スプーン
슈퍼마켓	스~빠~	スーパー
스노보드	스노~보~도	スノーボード
스니커즈	스니~카~	スニーカー
스웨터	세~타~	セーター
스카프	스까~후	スカーフ
스커트(치마)	스까~또	スカート
스키	스끼~	スキー
스타킹	스똑킹구	ストッキング
스탠드	스딴도	スタンド
스테이크	스떼~끼	ステーキ
스튜어드	스쮸와~도	スチュワード
스튜어디스	스쮸와~데스	スチュワーデス
스파게티	스파겟티	スパゲッティ
스포츠	스포~쯔	スポーツ
스피커	스피~카~	スピーカー
슬리퍼	스립빠	スリッパ
슬프다	가나시이	悲(かな)しい
승마	죠~바	乗馬(じょうば)
승차장	노리바	乗(の)り場(ば)
시각표	지꼬꾸효~	時刻表(じこくひょう)
시계	도께~	時計(とけい)
시계점	도께~야	時計屋(とけいや)
시내	시나이	市内(しない)
시다	습빠이	すっぱい

쓸쓸하다

시장	이찌바	市場(いちば)
시차	지사	時差(じさ)
시청	시야꾸쇼	市役所(しやくしょ)
식당	쇼꾸도~	食堂(しょくどう)
식사	쇼꾸지	食事(しょくじ)
식욕	쇼꾸요꾸	食欲(しょくよく)
식탁	쇼꾸타꾸	食卓(しょくたく)
신고	싱꼬꾸	申告(しんこく)
신고서	싱꼬꾸쇼	申告書(しんこくしょ)
신문	심붕	新聞(しんぶん)
신발(구두)	구쯔	靴(くつ)
신분증	미붕쇼~메~쇼	身分証明書(みぶんしょうめいしょ)
신용카드	쿠레짓또카~도	クレジットカード
신제품	심삥	新品(しんぴん)
신칸센	싱깐센	新幹線(しんかんせん)
신호	싱고~	信号(しんごう)
실내복	헤야기	部屋着(へやぎ)
실망하다	각까리스루	がっかりする
싫어하다	기라이다	きらいだ
심사	신사	審査(しんさ)
싱겁다	아지가우스이	味(あじ)がうすい
싱글룸	싱구루루~무	シングルルーム
싸다	야스이	安(やす)い
쌀	고메	米(こめ)
쓰다	니가이	にがい
쓸쓸하다	사비시이	寂(さび)しい

씨름

씨름	스모~	相撲(すもう)
아나운서	아나운사~	アナウンサー
아래	시따	下(した)
아세톤	마니뀨아리무~바~	マニキュアリムーバー
아시아나항공	아시아나고~꾸~	アシアナ航空(こうくう)
아이라이너	아이라이나~	アイライナー
아이섀도	아이샤도~	アイシャドー
아침식사	아사고항	朝(あさ)ご飯(はん)
아프다	이따이	痛(いた)い
안경점	메가네야	眼鏡屋(めがねや)
안내	안나이	案内(あんない)
안내소	안나이쇼	案内所(あんないしょ)
안내원	안나이잉	案内員(あんないいん)
안약	메구스리	目薬(めぐすり)
안전	안젠	安全(あんぜん)
안전벨트	시~또베루또	シートベルト
안테나	안테나	アンテ
앞	마에	前(まえ)
야간	야깐	夜間(やかん)
야구	야뀨~	野球(やきゅう)
야채	야사이	野菜(やさい)
야채가게	야오야	八百屋(やおや)
야키소바	야끼소바	焼(や)き蕎麦(そば)
약	구스리	薬(くすり)
약국	약꾜꾸	薬局(やっきょく)
얇다	우스이	薄(うす)い

역

양말	구쯔시따	靴下(くつした)
양배추	캬베쯔	キャベツ
양복(평상복)	요~후꾸	洋服(ようふく)
양복(남)	세비로	背広(せびろ)
양파	다마네기	玉葱(たまねぎ)
양화점	구쯔야	靴屋(くつや)
어깨	가따	肩(かた)
어댑터	아다뿌따~	アダプター
어른	오또나	大人(おとな)
어린이	고도모	子供(こども)
어묵	오뎅	おでん
얼굴	가오	顔(かお)
얼마	이꾸라	いくら
엄격하다	기비시이	厳(きび)しい
엉덩이	시리	尻(しり)
에스컬레이터	에스까레~따~	エスカレーター
에어로빅	에아로비꾸스	エアロビクス
에어컨	에아꼰	エアコン
엔지니어	엔지니아	エンジニア
엔카	엥까	演歌(えんか)
엘리베이터	에레베~따~	エレベーター
여관	료깐	旅館(りょかん)
여권	료껜	旅券(りょけん)
여행	료꼬~	旅行(りょこう)
여행자수표	토라베라~즈첵꾸	トラベラーズチェック
역	에끼	駅(えき)

역무원

역무원	에끼잉	駅員(えきいん)
연결되다	쯔나가루	つながる
연극	엥게끼	演劇(えんげき)
연기	엥기	演技(えんぎ)
연기(기체)	게무리	煙(けむり)
연락처	렌라꾸사끼	連絡先(れんらくさき)
연어	사께	さけ
열쇠	가기	鍵(かぎ)
열차	렛샤	列車(れっしゃ)
엽서	하가끼	葉書(はがき)
영수증	료~슈~쇼~	領収証(りょうしゅうしょう)
영업중	에~교~쮸~	営業中(えいぎょうちゅう)
영화	에~가	映画(えいが)
영화관	에~가깡	映画館(えいがかん)
옅다	아사이	浅(あさ)い
옆	요꼬	横(よこ)
예산	요산	予算(よさん)
예약	요야꾸	予約(よやく)
예약석	요야꾸세끼	予約席(よやくせき)
오디오	오~디오	オーディオ
오렌지색	오렌지이로	オレンジ色(いろ)
오르간	오루간	オルガン
오른쪽	미기	右(みぎ)
오븐	오~분	オーブン
오비(띠)	오비	帯(おび)
오이	규~리	きゅうり

우표

오징어	이까	いか
오케스트라	오~께스또라	オーケストラ
오토바이	오~또바이	オートバイ
온천	온센	温泉(おんせん)
올해(금년)	고또시	今年(ことし)
옷	후꾸	服(ふく)
옷장	단스	たんす
와이셔츠	와이샤쯔	ワイシャツ
와인	와인	ワイン
왕복	오~후꾸	往復(おうふく)
외국인	가이꼬꾸진	外国人(がいこくじん)
왼쪽	히다리	左(ひだり)
요금	료~낑	料金(りょうきん)
요리	료~리	料理(りょうり)
욕실	오후로	お風呂(ふろ)
욕조	요꾸소~	浴槽(よくそう)
우동	우동	うどん
우동집(가게)	우동야	うどん屋(や)
우산	가사	傘(かさ)
우습다	오까시이	おかしい
우유	규~뉴~	牛乳(ぎゅうにゅう)
우체국	유~빙꾜꾸	郵便局(ゆうびんきょく)
우체통	포스또	ポスト
우편	유~빙	郵便(ゆうびん)
우편환	유~빙카와세	郵便為替(ゆうびんかわせ)
우표	깃떼	切手(きって)

운동화

운동화	운도~구쯔	運動靴(うんどうぐつ)
운전수	운뗀슈	運転手(うんてんしゅ)
워드프로세서	와~뿌로	ワープロ
원피스	왐삐~스	ワンピース
월간지	겍깐시	月刊誌(げっかんし)
웨이터	웨~따~	ウェーター
웨이팅	웨~띵구	ウェーティング
위(방향)	우에	上(うえ)
위장약	이쵸~야꾸	胃腸薬(いちょうやく)
위치	이찌	位置(いち)
위험	기껜	危険(きけん)
유감이다	잔넨다	残念(ざんねん)だ
유료	유~료~	有料(ゆうりょう)
유스호스텔	유~스호스떼루	ユースホステル
유연하다	야와라까다	やわらかだ
유적지	이세끼찌	遺跡地(いせきち)
유학	류~가꾸	留学(りゅうがく)
육교	호도~꾜~	歩道橋(ほどうきょう)
은색	깅이로	銀色(ぎんいろ)
은행원	깅꼬~잉	銀行員(ぎんこういん)
음료수	노미모노	飲(の)み物(もの)
음식	다베모노	食(た)べ物(もの)
음악	옹가꾸	音楽(おんがく)
응접실	오~세쯔마	応接間(おうせつま)
의사	이샤	医者(いしゃ)
이	하	歯(は)

자켓

이륙	리리꾸	離陸(りりく)
이마	히따이	額(ひたい)
이발소	도꼬야	床屋(とこや)
이불	후똥	布団(ふとん)
이상하다	아야시이	あやしい
이어폰	이야호~ㄴ	イヤホーン
이용료	리요~료~	利用料(りようりょう)
인삼차	닌진쨔	人参茶(にんじんちゃ)
일반석	입빤세끼	一般席(いっぱんせき)
일본	니혼	日本(にほん)
일본식 방	와시쯔	和室(わしつ)
일본옷	와후꾸	和服(わふく)
일본주	니혼슈	日本酒(にほんしゅ)
일본항공	니홍꼬~꾸~	日本航空(にほんこうくう)
일정	닛떼~	日程(にってい)
일주일간	잇슈~깐	一週間(いっしゅうかん)
입	구찌	口(くち)
입구	이리구찌	入(い)り口(ぐち)
입국	뉴~꼬꾸	入国(にゅうこく)
입술	구찌비루	唇(くちびる)
입원	뉴~잉	入院(にゅういん)
입장료	뉴~죠~료~	入場料(にゅうじょうりょう)
자동차	구루마	車(くるま)
자르다	기루	切(き)る
자유석	지유~세끼	自由席(じゆうせき)
자켓	쟈켓또	ジャケット

작다

작다	치이사이	小(ちい)さい
잔돈	고제니	小銭(こぜに)
잠옷	네마끼	寝巻(ねまき)
잠자다	네루	寝(ね)る
잡지	잣시	雑誌(ざっし)
장갑	데부꾸로	手袋(てぶくろ)
장난감	오모쨔	おもちゃ
장어	우나기	うなぎ
장어덮밥	우나기동	うなぎどん
재떨이	하이자라	灰皿(はいざら)
재미없다	쯔마라나이	つまらない
재미있다	오모시로이	面白(おもしろ)い
재발행	사이학꼬~	再発行(さいはっこう)
재즈	쟈즈	ジャズ
재채기	구샤미	くしゃみ
재확인	사이카꾸닌	再確認(さいかくにん)
저널리스트	쟈~나리스또	ジャーナリスト
저녁식사	유~쇼꾸	夕食(ゆうしょく)
저림	시비레	痺(しび)れ
저혈압	데~께쯔아쯔	低血圧(ていけつあつ)
적다	스꾸나이	少(すく)ない
전골	스끼야끼	すきやき
전기밥솥	스이항끼	炊飯器(すいはんき)
전문점	셈몬뗑	専門店(せんもんてん)
전보	뎀뽀~	電報(でんぽう)
전복	아와비	あわび

조개

전자오르간	덴시오루간	電子(でんし)オルガン
전자계산기	덴따꾸	電卓(でんたく)
전자레인지	덴시렌지	電子(でんし)レンジ
전자수첩	덴시테쵸~	電子手帳(でんしてちょう)
전지	덴찌	電池(でんち)
전철	덴샤	電車(でんしゃ)
전화	뎅와	電話(でんわ)
전화번호	뎅와방고~	電話番号(でんわばんごう)
전화번호부	뎅와쵸~	電話帳(でんわちょう)
절	오떼라	お寺(てら)
절이다	쯔께루	つける
점심식사	츄~쇼꾸	昼食(ちゅうしょく)
점원	뎅잉	店員(てんいん)
접수처	우께쯔께	受付(うけつけ)
접시	사라	皿(さら)
젓가락	오하시	お箸(はし)
정가	데~까	定価(ていか)
정기권	데~끼껜	定期券(ていきけん)
정류장	데~류~죠~	停留場(ていりゅうじょう)
정산	세~산	精算(せいさん)
정원	데~엔	庭園(ていえん)
정육점	니꾸야	肉屋(にくや)
정지	데~시	停止(ていし)
제과점	오까시야	お菓子屋(かしや)
제발(부디)	도~조	どうぞ
조개	가이	かい

조개관자

조개관자	가이바시라	かいばしら
조깅	죠깅구	ジョギング
종기	오데끼	お出来(でき)
종업원	쥬~교~인	従業員(じゅうぎょういん)
좋아하다	스끼다	好(す)きだ
좌석	자세끼	座席(ざせき)
좌석예약	자세끼요야꾸	座席予約(ざせきよやく)
좌회전	사세쯔	左折(させつ)
주간지	슈~깐시	週刊誌(しゅうかんし)
주류가게	사까야	酒屋(さかや)
주먹밥	오니기리	おにぎり
주문	츄~몬	注文(ちゅうもん)
주사	츄~샤	注射(ちゅうしゃ)
주소	쥬~쇼	住所(じゅうしょ)
주스	쥬~스	ジュース
주유소	가소린스탄도	ガソリンスタンド
주인공	슈징꼬~	主人公(しゅじんこう)
주전자	야깡	やかん
주차금지	츄~샤낀시	駐車禁止(ちゅうしゃきんし)
주차장	츄~샤죠~	駐車場(ちゅうしゃじょう)
준급행	중뀨~	準急(じゅんきゅう)
중국	츄~고꾸	中国(ちゅうごく)
즐겁다	다노시이	楽(たの)しい
증명서	쇼~메~쇼	証明書(しょうめいしょ)
지갑	사이후	財布(さいふ)
지도	치즈	地図(ちず)

책장

지름길	치까미찌	近道(ちかみち)
지배인	시하이닌	支配人(しはいにん)
지역번호	치이끼방고~	地域番号(ちいきばんごう)
지우개	게시고무	消(け)しゴム
지정석	시떼~세끼	指定席(していせき)
지폐	사쯔	札(さつ)
지하	치까	地下(ちか)
지하철	치까떼쯔	地下鉄(ちかてつ)
직업	쇼꾸교~	職業(しょくぎょう)
진공청소기	소~지끼	掃除機(そうじき)
진단서	신단쇼	診断書(しんだんしょ)
진찰실	신사쯔시쯔	診察室(しんさつしつ)
진통제	친쯔~자이	鎮痛剤(ちんつうざい)
짐	니모쯔	荷物(にもつ)
집	이에	家(いえ)
짧다	미지까이	短(みじか)い
찍다(사진)	토루	撮(と)る
차장	샤쇼~	車掌(しゃしょう)
착륙	챠꾸리꾸	着陸(ちゃくりく)
참다	가만스루	がまんする
참치	마구로	まぐろ
창가	마도기와	窓際(まどぎわ)
창구	마도구찌	窓口(まどぐち)
책	홍	本(ほん)
책상	쯔꾸에	机(つくえ)
책장	혼다나	本棚(ほんだな)

철판구이

철판구이	뎁빵야끼	鉄板焼(てっぱんや)き
청바지	지~ㄴ즈	ジーンズ
청소	세~소~	清掃(せいそう)
체리	체리~	チェリー
체스	체스	チェス
체류	다이자이	滞在(たいざい)
체육관	다이이꾸깐	体育館(たいいくかん)
체크아웃	첵꾸아우또	チェックアウト
체크인	첵꾸인	チェックイン
초대	쇼~따이	招待(しょうたい)
초록	미도리	緑(みどり)
초밥	스시	寿司(すし)
초밥집(가게)	스시야	寿司屋(すしや)
촬영	사쯔에~	撮影(さつえい)
추가	오까와리	おかわり
추천	오스스메	おすすめ
축구	삭까~	サッカー
축제	오마쯔리	お祭(まつ)り
출구	데구찌	出口(でぐち)
출국	슉꼬꾸	出国(しゅっこく)
출발	슙빠쯔	出発(しゅっぱつ)
취소	도라케시	取消(とりけし)
치약	하미가끼	歯磨(はみが)き
치통	시쯔~/하이따	歯痛(しつう/はいた)
친구	도모다찌	友達(ともだち)
친절하다	신세쯔다	親切(しんせつ)だ

콜라

침대	벳도	ベッド
침대시트	벳도시~쯔	ベッドシーツ
침대커버	벳도카바~	ベッドカバー
침실	신시쯔	寝室(しんしつ)
칫솔	하부라시	歯(は)ブラシ
카디건	가~디강	カーディガン
카레라이스	카레~	カレー
카메라	카메라	カメラ
카페트	카~펫또	カーペット
칵테일	카꾸떼루	カクテル
칵테일바	카꾸떼루바~	カクテルバー
칼라(옷)	에리	えり
커튼	카~뗀	カーテン
커프스	카후스	カフス
커피	코~히~	コーヒー
커피숍	코~히~숍뿌	コーヒーショップ
컵	콥뿌	コップ
케이크	케~키	ケーキ
코	하나	鼻(はな)
코너	코~나~	コーナー
코드	코~도	コード
코스	코~스	コース
코트(오버)	코~또	コート
콘서트	콘사~또	コンサート
콘센트	콘센또	コンセント
콜라	코~라	コーラ

콜렉트 콜

콜렉트 콜	코레꾸또코~루	コレクトコール
콧물	하나미즈	鼻水(はなみず)
쾌속	가이소꾸	快速(かいそく)
쿨러(냉방 장치)	쿠~라~	クーラー
크다	오~끼이	大(おお)きい
크림	쿠리~무	クリーム
타박상	다보꾸쇼~	打撲傷(だぼくしょう)
탁구	닥꾸~	卓球(たっきゅう)
탈지면	닷시멘	脱脂綿(だっしめん)
탑승구	도~죠~구찌	搭乗口(とうじょうぐち)
탑승권	도~죠~껜	搭乗券(とうじょうけん)
택시	타꾸시~	タクシー
터미널	타~미나루	ターミナル
테니스	테니스	テニス
테이블	테~부루	テーブル
텔레비전	테레비	テレビ
토마토	토마토	トマト
토스터	토~스타~	トースター
토스트	토~스토	トースト
통로	쯔~로	通路(つうろ)
통화	쯔~와	通話(つうわ)
통화중	쯔~와쮸~	通話中(つうわちゅう)
퇴원	다이잉	退院(たいいん)
튀기다	아게루	あげる
튀김	뎀뿌라	天(てん)ぷら
튀김덮밥	덴동	天丼(てんどん)

퍼스널컴퓨터

트랜스	토란스	トランス
트럼펫	토람펫또	トランペット
트렁크	토랑꾸	トランク
트윈룸	쯔인루~무	ツインルーム
특급	독뀨~	特急(とっきゅう)
특실	도꾸시쯔	特室(とくしつ)
티셔츠	티~샤쯔	ティーシャツ
티켓(표)	치껫또	チケット
팁	칩뿌	チップ
파는 곳	우리바	売(う)り場(ば)
파란신호	아오싱고~	青信号(あおしんごう)
파랑	아오	青(あお)
파랗다	아오이	青(あお)い
파스	십뿌자이	湿布剤(しっぷざい)
파인애플	파이납뿌루	パイナップル
파일럿	파이룻또	パイロット
파출소	고~방	交番(こうばん)
팔	우데	腕(うで)
패스트푸드	화~스또후~도	ファーストフード
패스포트(여권)	파스뽀~또	パスポート
팩스	확꾸스	ファックス
팬티(남)	판쯔	パンツ
팬티(여)	판띠	パンティ
팸플릿	팡후렛또	パンフレット
팽이버섯	에노끼	えのき
퍼스널컴퓨터	파소꼰	パソコン

편도

편도	가따미찌	片道(かたもち)
편명	빔메~	便名(びんめい)
편의점	콤비니	コンビニ
편지	데가미	手紙(てがみ)
편지지	빈센	便箋(びんせん)
폐관	헤~깐	閉館(へいかん)
폐점	헤~뗀	閉店(へいてん)
포도	부도~	葡萄(ぶどう)
포장	호~소~	包装(ほうそう)
포크	호~꾸	フォーク
표	깁뿌	切符(きっぷ)
표고버섯	시이따께	しいたけ
풀오버	푸루오~바~	プルオーバー
풀장	푸~루	プール
품절	시나기레	品切(しなぎ)れ
프라이팬	홋또푸레~또	ホットプレート
프런트	후론또	フロント
프린터	푸린따~	プリンター
플라이트넘버	후라이또남바~	フライトナンバー
플래시금지	후랏슈킨시	フラッシュ禁止(きんし)
플랫폼	푸랏또호~무	プラットホーム
피부	하다	肌(はだ)
피아노	피아노	ピアノ
피아니스트	파아니스또	ピアニスト
피의자	히기샤	被疑者(ひぎしゃ)
피자	피자	ピザ

헤드폰

피해자	히가이샤	被害者(ひがいしゃ)
필름	휘루무	フィルム
핑크	핑꾸	ピンク
하루	이찌니찌	一日(いちにち)
하양	시로	白(しろ)
하얗다	시로이	白(しろ)い
하이킹	하이킹구	ハイキング
하이힐	하이히~루	ハイヒール
하행	구다리	下(くだ)り
학교	각꼬~	学校(がっこう)
학생	각세~	学生(がくせい)
한국인	캉꼬꾸진	韓国人(かんこくじん)
할인	와리비끼	割引(わりびき)
합계	고~께~	合計(ごうけい)
항공권	고~꾸~껜	航空券(こうくうけん)
해결	카이께쯔	解決(かいけつ)
헤매다	마요우	迷(まよ)う
해변	우미베	海辺(うみべ)
핸드백	한도박구	ハンドバッグ
햄	하무	ハム
햄버거	함바~가~	ハンバーガー
~행	유끼	~行(ゆき)
행복하다	시아와세다	幸(しあわ)せだ
행사	교~지	行事(ぎょうじ)
허리	고시	腰(こし)
헤드폰	헷도호~ㄴ	ヘッドホーン

헤어드라이어

헤어드라이어	헤아도라이야~	ヘアドライヤー
현관	겡깡	玄関(げんかん)
현금	겡낑	現金(げんきん)
현기증	메마이	めまい
현상(사진)	겐조~	現像(げんぞう)
현지	겐찌	現地(げんち)
~호실	고~시쯔	~号室(ごうしつ)
호주머니	후꾸로	ふくろ
~호차	고~샤	~号車(ごうしゃ)
호출버튼	요비다시보딴	呼(よ)び出(だ)しボタン
호텔	호테루	ホテル
혼선	곤센	混線(こんせん)
홍차	고~쨔	紅茶(こうちゃ)
화나다	하라가 타쯔	腹(はら)が立(た)つ
화랑	갸라리~	ギャラリー
화상	야께도	火傷(やけど)
화장	게쇼~	化粧(けしょう)
화장실	토이레	トイレ
확인	가꾸닌	確認(かくにん)
환승	노리까에	乗(の)り換(か)え
환율	가와세레~또	為替(かわせ)レート
환전	료~가에	両替(りょうがえ)
회사원	가이샤인	会社員(かいしゃいん)
회색	하이이로	灰色(はいいろ)
횡단보도	오~당호도~	横断歩道(おうだんほどう)
후추	고쇼~	こしょう

흡연(석)

휴관	규~깐	休館(きゅうかん)
휴대전화	게~따이뎅와	携帯電話(けいたいでんわ)
휴대품	데니모쯔	手荷物(てにもつ)
휴지	팃슈페~파	ティッシュペーパー
흡연(석)	기쯔엔세키	喫煙席(きつえんせき)

Memo

Memo

Memo

여권번호 Passport No.	
항공권번호 Air Ticket No.	
항공권편명 Flight name	
여행자수표번호 Traveler's check No.	
해외여행보험번호 T. A. No	
항공권예약	
긴급연락처 Contact address in an emergency	